도박장애 회복 훈련 프로그램(SAT-G) 활용 가이드북

번역: 박상운
감수: 마츠모토 토시히코
편저: :코바라 케이지, 사토 히로시

신일서적(주) 中央法規

역자 소개

박상운

경북대학교 의과대학을 졸업하고 동대학원에서 의학박사 학위를 받았다. 경북대학교병원 정신건강의학과에서 전공의를 수료했으며, 1993년 대동병원을 개원하여 올해로 32주년을 맞이했다.
치료공동체에 기반한 역동적 팀의료를 실천하고 있으며, 2014년부터 도박치료그룹을 결성하여 현재까지 420회이상 매주 집단치료를 실시하고 있다.
한국 최초로 조건반사제어법을 도입하여 중독환자의 치료와 재활을 위해 힘쓰고 있다.

SAT-G 번역서를 발간하며

2023년 3월, 알콜 및 약물의존 치료책자인 SMARPP를 발간하여 현장에서 사용 중인 바, 역시 인지행동치료적 접근방식이어서, 주 2회, 한 시간씩 하는 집단치료식으로 다른 치료 프로그램들과 함께 담당 스텝들이 무난히 진행해 나가고 있다.

주 1회의 집단정신치료, 자조그룹, 중독가족심리교육, 조건반사제어법과 함께 치료의 한 축을 담당하고 있다.

최근 임상현장에서 느끼는 바는 의존증에서 전통적인 알코올 외에 마약, 도박, 자해, 성, 도벽 등등 의존증이 다양해진다는 점이다.

특히 도박의 경우 기존의 하우스도박을 주로 하는 중장년 집단에서, 스마트폰을 위주로 하는 청소년층이 늘어나서 당혹스러움을 느끼곤 한다.

그간 개인적으로 일본 학회를 다니며, 관심 있는 분야의 연수회에 참석하곤 했는데, 그중 하나가 도박연수프로그램이었다.

일본을 대표하는 국립쿠리하마 정신병원의 연수(STEP-G)를 비롯하여, 시마네현 정신의료센터 연수회(SAT-G)에도 참석했었다. 특히 SAT-G는 SMARPP를 기본 골격으로 하여 구성된 점이 더 이해하기 쉬웠고, 일본에서도 많은 시설에서 연수를 받고 있었고, 연수를 받은 직원이 근무하는 병원은 수가 상 혜택을 받고 있었다,

2022년 2월 발간된 SAT-G를 보고, 그 책이 감수자가 SMARPP의 마츠모트 선생이어서, 용기를 내어 마츠모토 선생과 시마네현 정신의료센터의 정신과의사 코하라 선생에게 한국에서의 발간을 허락해달라는 메일을 보냈다.

늘 시원시원하게 허락하는 마츠모토선생의 지원에 힘입어, 코하라선생의 승낙, 중앙법규 출판사의 내부검토를 거쳐 발간이 이루어지게 되었다.

한국 발간이 이루어져서 영광스러우며, 많은 도움이 되었으면 한다며, 로열티도 받지 않겠다는 내용의 메일을 받고, 다른 한일교류도 이런 식으로 되면 좋겠다는 생각을 했다.

개인적으로 본원의 알코올, 마약, 도박, 자해, 도벽, 성문제 등등의 의존증 그룹을 경험해본 소감은 그중 도박 또한 어려운 분야가 아닌가 한다. 또한 지금은 우리 정부가 마약에 많은 관심을 보이고 있지만, 현장의 입장에서는 도박의 전파력, 영향력, 의존도 등등,,,,특히 중고생들과 스마트폰이 허용되는 군에서의 도박문제 또한 우려를 금할 수 없다.

이번 SAT-G의 한국 출판이 도박문제 해결에 일조가 되었으면 하는 바람을 가져보며, 늘 기꺼이 출판을 해주시는 신일서적 오상환 사장님에게 진심으로 감사드린다.

대동병원 원장 박상운

감수에 있어서

도박장애 치료 및 상담 지원체계 강화는, 오늘날 우리나라 정신보건복지 행정의 시급한 과제입니다. 그 배경에는, 카지노 유치를 둘러싼 국회에서의 논쟁 등 정치적 상황도 있지만, 그 이전부터 우리나라는 도박 대국이었으며, 서구 국가들에 비해 국민들의 도박장애 유병률이 높았다는, 사실을 잊어서는 안 될 것입니다.

그도 그럴 수밖에 없습니다. 해외에서는 도박은 원칙적으로 범죄이지만, 우리나라의 경우 파친코, 슬롯과 같은 사행성 도박이 존재합니다. 게다가 경륜, 경마, 경정, 자동차 경주와 같은 공영도박까지 존재합니다.

물론, 국가에서도, 이러한 사태에 대해 손을 놓고 있는 것은 아닙니다. 특히 최근에는, 우리나라 중독 대책을 주도하는 쿠리하마 의료센터를 중심으로, 치료법의 개발과 보급, 그리고 지원가 양성과 전문 의료기관의 확충이, 빠른 속도로 진행되어 왔습니다. 그러나, 최근 코로나 사태의 영향도 있어, 안타깝게도 생각만큼의 진척이 없는 것 같습니다.

이러한 현 상황을 볼 때, 이 책의 출간은 아닌게 아니라 시의적절한 일이라고 할 수 있습니다. 편저자인 코바라 케이시와 사토히로시 두 사람은, 일찍이 도박장애 회복 훈련 프로그램 「SAT-G」를 개발하여 시마네 현립 몸과마음상담센터에서 적극적으로 도박장애를 지원해 왔습니다. 지금이야말로 두 분의 경험과 지혜를 국내로 전파할 필요가 있겠습니다.

돌이켜보면 거의 10년 전, 두 분으로부터 "『SMARPP』(내가 개발한 약물 의존 집단치료 프로그램)을 수정하여 도박장애 지원 도구를 개발하고 싶다."는 상담을 받았습니다. 「재미있을 것 같다」고 생각한 저는 흔쾌히 승낙했고, 그 후로 계속 두 분의 실천과 시행착오를 응원해 왔습니다.

그런 이유로, SMARPP와 SAT-G는 형제 관계에 있다고 할 수 있습니다. 사실, 둘 사이에는 많은 공통점이 있습니다. 그 중에서도 다음 두 가지는 중요합니다. 하나는, 모두 「그만두는 것」 을 아직 망설이고 있는 사람에게까지 지원의 범위를 넓혀, 지원 실천을 통해 지원가를 육성하고, 회복을 위한 사회자원을 늘리는 것을 목적으로 하고 있다는 점입니다. 그리고 또 하나는 치료 상 가장 해로운 것은, 「(약물이나 도박이) 멈출 수 없는 것」이 아니라, 「지원가와의 관계성이 단절되는 것」, 좀 더 알기 쉽게 말하면 「당사자가 혼자서 고민하는 것 = 고립되는 것」 에 있다고 보는 점입니다.

한편, 미묘하게 다른 점도 있습니다. 도박의 경우 알코올이나 약물과는 달리, 아무리 지나쳐도, 내장이 상하거나 환각이나 망상이 출현하지는 않습니다. 그런 만큼, 도박장애 당사자는 「자신이 병이다」라든가, 「치료가 필요한 것'이라는 자각을 갖기 어려운 경향이 있습니다. 물론, 「도박을 일절 그만두겠다」는 결정도 쉽지 않습니다. 더욱 곤란하게도 표면적으로는 사회적 활동을 유지할 수 있게 되는 것입니다. 실제로, 도박장애에 걸린 사람의 대부분이 어떤 일을 가지고 가계의 기둥을 담당하고 있습니다.

아마도 그러한 영향 때문인지, 도박장애 당사자는, 알코올·약물 의존 증상 이상으로, 전문 의료기관이나 자조그룹, 민간 지원 단체로 이어지기 어려운 인상이 있습니다. 그러한 사회자원으로 제공되는 치료·지원은, 통상, 완전한 「단도박」을 전제로 하고 있어, 프로그램의 세션은 높은 빈도로 장기간에 걸쳐 있습니다. 때로는 입원이나 입소를 제안하는 경우도 있을 것입니다. 물론, 그러한 치료의 효과는 의심할 여지도 없지만, 아직 문제의식이 부족한 사람이라면, 상담에는 갔지만 「이것으로는 일과의 양립은 무리」라고 일치감치 치료를 포기해 버립니다. 어쨌든 도박으로 만든 빚의 상환에 쫓기고 있기 때문에 일에 대한 집착은 갑절 강할 것입니다.

그렇기 때문에 도박장애의 치료에서는, 당사자의 요구를 중시하고, 유연성을 가지고 치료 계획을 세우는 것이 알코올이나 약물의 의존증 이상으로 중요해지는 것입니다. 그 점, SAT-G나 SAT-G 라이트의 「월 1회, 1쿠르 3~6세션」라는 분량은, 업무에 미치는 영향을 최소화한 현실적인 것이라고 할 수 있습니다(참고로 SMARPP는 주 1회, 1쿠르 24세션).

물론, 「이 정도의 개입으로는 회복 따위 무리」라는 반론도 있을 것입니다. 그렇다고는 해도, 비현실적인 요구를 한 결과, 치료를 거절당해서는 본전도 없습니다. 중요한 것은 「홈런을 노리고 헛스윙하는 것」이 아니라, 「볼넷이라도 좋으니 우선은 누상으로 나간다」는 것입니다. 그리고, 언젠가 진심으로 자신의 문제와 마주할 기회가 찾아왔을 때, 「다음에는, 보다 강도 높은 치료에 임하자」고 생각할 수 있는, 「미래에 파종」을 해 두는 것입니다.

이 책 한 권이 있으면, 도박장애의 이해와 지원의 실제를 한눈에 볼 수 있습니다. 도박장애의 병태나 의학상의 위치, 지금까지 국내외의 연구로 쌓아 온 지견, 그리고, 인테이크 면접이나 어세스먼트의 방법, 워크북의 각 세션의 진행 방법, 또, 롤 플레이의 실제나, 프로그램의 시작으로부터 운영, 후진 육성, 결국은 효과 검증의 지견까지, SAT-G와 관계되는 모든 것이, 그야말로 「가려운 곳에 손이 닿는다」라고 하는 느낌으로 쓰여져 있습니다. 그래서, 본서를 곁에 두는 것만으로, 마치 프로그램 개발자, 코바라씨와 사토씨 두 사람이 따뜻하게 지켜보고 있는 것을 느낄 것입니다. 그런 의미에서, 본서는, 당사자뿐만이 아니라, 「지원가가 혼자서 고민하는 것을 막는 = 고립을 막는」기능도 갖추고 있다고 할 수 있습니다.

지금까지 저는, 감수라는, 이른바 「강 건너 불구경」과 같은 편안한 입장에서, 이 SAT-G의 탄생과 그 후의 거듭된 개정의 현장에 입회해 왔습니다. 그리고 그 때마다, 임상 실천에서의 깨달음을 반영하면서 진화, 세련되어 가는 모습에, 과장하지 않고 눈을 휘둥그레져 왔습니다.

본서는, 현시점에 있어서의 도박장애 지원 지침서의 최고봉입니다. 본서를 통해서, 많은 도박장애 지원가가 탄생하기를 진심으로 기원합니다.

2022년 2월

국립정신 신경의료연구센터 정신보건연구소
약물의존연구부 부장
마츠모토 토시히코

시작하며

이 책을 골라주셔서 감사합니다. 지금, 이 페이지를 읽고 있는 당신은, 도박을 반복하면서 여러가지 문제를 겪으면서, 막다른 골목에 몰리고, 도박을 하는 자신의 방식을 검토할 기회를 찾고 있습니까. 아니면 그런 당사자를 지원하고 싶은 지원가인가요. 이 책은, 두 사람 모두에게 도움이 되기를 바라는 마음에서 만들어졌습니다.

이 책의 주제인 SAT-G(도박장애 회복 트레이닝 프로그램)는, 원래 시마네현의 정신보건복지센터(시마네현립 마음과몸상담센터)에 근무하는 우리 2명이, 도박장애에 특화된, 의존증의 회복을 위한 프로그램으로써, 2015년 이후, 지속적으로 개발·실천해 왔습니다. 그 기초가 되고 있는 것은, 이 책의 감수자인 마츠모토 토시히코씨가 중심이 되어 개발한, 약물 의존증을 위한 회복 프로그램인 SMARPP(세리가야 각성제 재사용 방지 프로그램)입니다. 우리 2명은, 마츠모토 씨의 지도를 받으면서, SMARPP의 내용을, 도박장애로 고통 받는 당사자에게 적합하도록, 철저히 변경했습니다. 또한 SAT-G를 수강한 당사자의 여러 의견을 바탕으로 매년 개정을 추가해 왔습니다. 이 책에서 다루는 SAT-G는, 최신 버전인 2022년 버전, SAT-G2022입니다.

우리들은 SAT-G의 실천 속에서 정말 많은 당사자가 회복하는 것을 목격했기 때문에, 꼭 이를 일본 전국에 확산시키고 싶어서, 2017년 이후 AMED(국립 연구 개발법인 일본 의료연구개발기구)와 후생노동과학연구 공공 자금의 지원을 받아, 전국의 정신보건복지센터, 도도부현 지정 중독 전문 의료기관에 대해, SAT-G 활용법을 중심으로 하는 연수를 매년 지속적으로 실시해왔습니다. 그 결과, 연수 수강자는 600명이 넘으며, 전국 정신보건복지센터의 SAT-G 활용률은 88%(69개 센터 중 61개 센터, 2022년 1월 1일 기준)입니다. 또 전국의 도박장애 대책 추진계획에서 있어서도, SAT-G는 많은 곳에서 대책으로 사용될 것이라고 규정하고 있습니다.

이러한 가운데, 이 연수의 수강을 희망하는 다양한 분들로부터, 매일 문의를 받았습니다. 또, 연수를 수강한 분들로부터도, 「연수 내용을 복습하고 학습을 더욱 심화시킬 수 있는 책을 가지고 싶다」라고 말하기 시작했습니다. 그래서 우리는 중앙법규출판의 도움을 받아 이 책을 출판하기로 결정했습니다. 이 책의 1장부터 4장까지 모두 연수에서 실시하고 있는 훈련 내용입니다. 연수에서는 시간적 제약으로 다루지 못했던 부분들을 모두 추가했습니다. 따라서 연수에서 말씀드린 내용의 2배 가까이 늘어난 점을 양해해 주셨으면 합니다.

1장에서는 「도박장애의 기초지식」이라는 제목입니다. SAT-G를 실시하든 안 하든, 도박장애 지원과 관련된 사람이라면 누구나, 꼭 알아두었으면 하는 지식을 가능한 한 알기 쉽게 다루고 있습니다. 이것은, 지원가뿐만이 아니라, 정확한 지식을 원하시는 분들이나, 가족분들에게도 도움이 되는 내용이라고 생각하고 있습니다.

2장의 「SAT-G의 기초 지식」은, SAT-G를 실시할 때에 우리 2명이 소중히 하고 있는 것, 그리고, SAT-G를 실시할 때 지원가가 알아두었으면 하는 것을 정리했습니다. 그리고 그 가장 중심은, 「어디까지나 당사자의 생각에 다가가, 그것을 실현하기 위해서, 동반자형의 지원을 실시한다」라고 하는 것입니다. 우리 프로그램 SAT-G가 전 세계의 다른 도박장애 회복 프로그램과 가장 다른 것은 이 부분이라고 생각합니다. 그리고 그것이 제일 명확해지는 것은, 프로그램의 제1회째로, 당사자에게, 도박과 향후 어떤 식으로 접해 나갈까 하는 목표를 설정해 달라고 하는 것. 그 때 우리는 「회복을 위해서는 단도박 밖에 없어요」라든가, 「회복을 위해서는 단 도박이 바람직하지만, 당신이 조절도박을 목표로 한다면 말리지는 않겠습니다」라는 말은 결코 하지 않습니다. 우선은 목표 설정 전에, 당사자와 함께, 충분한 시간을 들여, 도박을 하는 장점·단점을 생각해 갑니다. 그리고 그것을 한 후에 당사자가 결정한 목표라면, 어떤 목표라도, 그것을 진심으로 존중하고, 전력으로 응원한다는 태도를 표명합니다. 그러므로 이 장은 당사자 분들도, SAT-G를 실시하는 지원가가 어떤 스탠스로 지원하고 있는지를 알기 위해, 꼭 읽어 주셨으면 하는 내용으로 되어 있습니다.

3장은 「SAT-G 사용법」입니다. 이 책의 가장 핵심이 되는 장으로, SAT-G를 어떻게 실시하면 좋을지에 대해, 제

1회부터 5회, 그리고 앙코르 세션에 이르기까지 SAT-G 워크북의 모든 페이지에 대해 꼼꼼하게 해설하고 있습니다. 지원가 분들은 본 장을 참조하면서, 자신있게 SAT-G의 각 세션을 진행할 수 있을 것이고, 당사자 분들은, 권말 부록 SAT-G 워크북과, 본장의 해당 부분을 비교하면서, 혼자 SAT-G를 자습할 수도 있을 것입니다. 또한 당사자 분들이 지원가와 함께 했던 그날, SAT-G 세션 내용을 복습할 때도 도움이 될 것입니다.

4장은 연수에서 거의 언급하지 않은 부분입니다. 「SAT-G 라이트의 개요」라는 제목으로 SAT-G의 단축판인 SAT-G라이트를 우리가 왜 개발했는지, 어떻게 활용해 나가야 하는지에 대해 기재했습니다. SAT-G 라이트는 도박장애와 더불어 지적장애, 발달장애, 학습장애 등의 합병증을 안고 있는 당사자를 위해 개발한 프로그램입니다. 사실, 이러한 합병증을 안고 있는 도박장애의 당사자를 위한 프로그램은, 세계적으로 봐도 그 밖에 아직 존재하지 않는 것 같습니다. 꼭 앞으로 이 프로그램도 자세히 소개해 드릴 수 있었으면 좋겠습니다.

5장은 「우리가 SAT-G를 개발한 이유」입니다. 우리가 왜 이 프로그램을 개발했는지, 그 효과는 얼마나 있었는지, 또 구체적으로 어떻게 보급했는지에 대해서 정리하고 있습니다.

그리고 이 책에는, 권말 부록으로 SAT-G 워크북과 실시자용 매뉴얼이 붙어 있습니다. 내용은 물론 최신 SAT-G 2022입니다.

이상이 이 책의 내용입니다. 우리는, 향후도, SAT-G의 사용법을 중심으로 한 연수를 계속하고 싶다고 생각하고 있습니다. 지원가분은, 가능한 우리가 실시하고 있는 연수에 참가한 후에, SAT-G를 실시해 주세요.

의존증 지원에 있어서 가장 중요한, 당사자 분과 마주하는 자세를 전하기 위해서는, 실시간 육성보다 뛰어난 것은 없다고 생각하기 때문입니다. 또, 당사자 분이, 이 책을 이용해 도박장애에 대해 배우는 경우도, 이 책을 다 읽고 나면, 꼭 지원가나 자조그룹을 찾아가보시기 바랍니다. 의존증의 회복에서 가장 절실한 것은 사람과 사람의 연결이라고 알려져 있습니다. 분명, 그 연결 속에서 얻을 수 있는 것이 있을 거라고 생각합니다.

2022년 2월
코바라케이지

제 1 장 도박장애의 기초 지식

제 1 장

도박장애의 기초지식

제 1 절 도박장애에 관련된 행정의 대응

도박장애에 관련된 상황

도박장애에 대한 지원이, 행정 차원에서 본격적으로 시작된 것은, 2016년 12월, 특정 복합 관광 시설 구역의 정비를 촉진하는 법률, 이른바 IR(Integrated Resort) 촉진법이라고 불리는 법률이 성립되었을 때부터입니다. 이 법률이 국회에서 성립되었을 때, 중의원과 참의원 각각에서, 의원들에 의해 부대 결의가 이루어졌으며, 「도박 등 의존증 환자에 대한 대책을 근본적으로 강화할 것」이라고 기재되었습니다**[도표 1-1, 1-2]**. 즉, IR을 추진하는 것과 맞바꿔서, 의존증 대책을 근본적으로 강화해야 한다고 중의원, 참의원에서 지시한 것입니다. 그리고 그 덕분에, 이후의 지원이 매우 순조롭게 진행되었습니다.

그리고, IR 촉진법 성립 1년 8개월 후인 2018년 7월에는, 도박 등 의존증 대책 기본법이 성립되었습니다. 또한, 이듬해 2019년 4월에, 도박 등 의존증 대책 추진 기본 계획이라는 국가의 기본 계획이 마련되었습니다. 그리고, 국가는 2019년 9월에, 도박 등 의존증 환자에 대한 대책을 근본적으로 강화

도표 1-1 환자 관리 및 해당 영역의 전문 표준

도박 등 의존증 환자에 대한 대책을 근본적으로 강화할 것. 우리나라에서의 도박 등 의존증의 실태파악을 위한 체제를 정비함과 동시에, 도박 등 의존증 환자의 상담 체제나 임상의료 체제를 강화할 것. 더불어, 도박 등 의존증에 관한 교육상의 대응을 정비할 것. 또한, 카지노에 그치지 않고, 다른 도박 등으로 인한 의존증을 포함해, 관계 부처가 충분히 연계하여 포괄적인 대응을 구축하고, 강화할 것.

도표 1-2 참의원의 부대 결의

*붉은 글씨는 중의원 부대결의에 추가된 부분

도박 등 의존증 환자에 대한 대책을 근본적으로 강화할 것. 우리나라에서의 도박 등 의존증의 실태 파악을 위한 체제를 정비하고, 그 원인을 파악, 분석함과 동시에, 도박 등 의존증 환자의 상담 체제나 임상의료 체제를 강화할 것. 더불어, 도박 등 의존증에 관한 교육상의 대응을 정비할 것. 또한, 카지노에 그치지 않고, 다른 도박 및 유기 등으로 인한 의존증을 포함해 도박 등 의존증 대책에 관한 국가의 대응을 근본적으로 강화하기 위해, 도박 등 의존증 대책에 관한 국가의 대응을 근본적으로 강화하기 위해 도박 등 의존증에 종합적으로 대처하기 위한 시스템과 체제를 마련함과 동시에 관계부처가 충분히 연계하여 포괄적인 대응을 구축하고, 강화할 것. 또한 이를 위해 충분한 예산을 확보할 것.

도표 1-3 도박중독과 관련된 상황

2016년 12월 15일	특정 복합 관광 시설 지역의 조성 촉진에 관한 법률 (IR 촉진법) 제정
2016년 12월 26일	제1차 도박 등 의존증 대응 촉진 관련 장관회의 개최
2017년 09월 29일	전국 조사 결과 중간 집계
2018년 07월 06일	도박 등 의존증 대응 기본법 제정
2018년 07월 20일	특정 복합 관광 시설 지역의 조성법 (IR 시행법) 제정
2018년 10월 05일	도박 등 의존증 대응 기본법 시행
2018년 10월 19일	제1차 도박 등 의존증 대응 촉진 본부 회의 개최
2019년 04월 19일	도박 등 의존증 대응 촉진 기본 계획 각하 결정
2019년 05월 14일 ~20일	도박 등 의존증 문제 홍보 주간
2019년 09월 24일	도박 등 의존증 대응 도도부현 설명회

할 것. 우리나라에서의 도박 등 의존증의 실태파악을 위한 체제를 정비함과 동시에, 도박 등 의존증 환자의 상담 체제나 임상의료 체제를 강화할 것. 더불어, 도박 등 의존증에 관한 교육상의 대응을 정비할 것. 또한, 카지노에 그치지 않고, 다른 도박 등으로 인한 의존증을 포함해, 관계 부처가 충분히 연계하여 포괄적인 대응을 구축하고, 강화할 것.

도박 등 의존증 환자에 대한 대책을 근본적으로 강화할 것. 우리나라에서의 도박 등 의존증의 실태 파악을 위한 체제를 정비하고, 그 원인을 파악, 분석함과 동시에, 도박 등 의존증 환자의 상담 체제나 임상의료 체제를 강화할 것. 더불어, 도박 등 의존증에 관한 교육상의 대응을 정비할 것. 또한, 카지노에 그치지 않고, 다른 도박 및 유기 등으로 인한 의존증을 포함해 도박 등 의존증 대책에 관한 국가의 대응을 근본적으로 강화하기 위해, 도박 등 의존증 대책에 관한 국가의 대응을 근본적으로 강화하기 위해 도박 등 의존증에 종합적으로 대처하기 위한 시스템과 체제를 마련함과 동시에 관계부처가 충분히 연계하여 포괄적인 대응을 구축하고, 강화할 것. 또한 이를 위해 충분한 예산을 확보할 것.

「도박 등 의존증 대책 도도부현 설명회」를 개최하여, 도도부현에 대해 계획을 세우도록 강하게 촉구하고 있습니다.

예를 들어, 알코올 사용 장애에 대한 대책이나 자살 대책에서는, 먼저 기본법이 제정되고, 다음으로 국가의 기본 계획(자살 대책에서는 「대강」)이 수립되며, 이어서 도도부현이 계획을 세우는 세 단계로 진행됩니다. 그것과 마찬가지로, 도박 의존증 대책도 역시 IR 추진법이 성립된 이후로는, ① 기본법, ② 국가의 기본 계획, ③ 도도부현의 계획이라는, 세 단계로 진행되고 있습니다.

제2절 용어 정리

도박장애를 나타내는 용어에 대해

여기서 머리를 정리하기 위해 용어를 정리해 봅시다. 도박에 병적으로 빠져 있는 상태에 대해서는

도표 1-4 용어의정리

- 도박 의존(증) 일반적인 용어
- 도박 등 의존증 법률 용어
- 병적 도박 ICD-10 (1990), DSM-IV-TR (2000)

- 도박 중독 DSM-5 (2013), ICD-11 (2018 발표)

도박장애나 도박 의존 등 다양한 부르는 방법이 있습니다. 우선, 이 상태를 가리키는 용어가 4가지 있다는 것을 기억해 둡시다**[도표 1-4]**.

첫 번째 용어인 「도박 의존」 또는 「도박 의존증」이라는 말은 일반 용어입니다. 그리고 두 번째 「도박 등 의존증」이라는 말은 법률 용어입니다. 제1절에서 언급한 것처럼, 2018년에 성립된 「도박 등 의존증 대책 기본법」 (이하, 대책 기본법)이라는 법률명에 포함된 용어입니다. 법률명뿐만 아니라, 그 제2조에는 「도박 등 의존증이란, 도박 등(법률에 의해 행해지는 공영 경마, 파친코 등의 유희 그 외의 사행 행위)에 몰두하여 일상생활 또는 사회생활에 지장을 초래하는 상태를 말한다」라는 정의가 명시되어 있습니다. 즉, 도박 등의 「등」은 구체적으로 주로 파친코, 슬롯머신을 가리킵니다(파친코는 풍속 영업 등의 규제 및 업무의 적정화 등에 관한 법률 등에서 「ぱちんこ」라는 히라가나 표기로 주의해야 합니다). 만약 대책 기본법에서 「도박의존증」이라는 말을 사용했다면, 「파친코, 슬롯머신은 유기이기 때문에 대책 기본법과는 관계없다」라고 잘못 인식하는 사람이 있을 수 있습니다. 따라서, 「파친코와 슬롯머신도 대책에 포함됩니다」라는 이 법률의 성립에 관여한 분들의 생각이 이 「등」이라는 한자에 담겨 있다고 우리는 생각합니다.

세 번째와 네 번째 용어인 「병적 도박」과 「도박장애」는 의학 용어입니다. 종래 사용되어 온 의학 용어는 「병적 도박」입니다. 세계보건기구(이하, WHO)가 제정한 국제질병분류 제10판인 ICD-10, 그리고 미국정신의학회의 진단 기준 제4판인 DSM-IV에서는 병적 도박이라는 말이 사용되었습니다. 그러나 미국정신의학회의 진단 기준 제5판인 DSM-5가 2013년에 발표된 시점부터는, 「도박장애」라는 말이 사용되기 시작했습니다. 2018년에 WHO에서 발표된 국제질병분류 제11판인 ICD-11에서도, 이 도박장애라는 명칭이 채택되었습니다(또는 「도박증」이라고 불러도 됩니다).

실제로 2021년 시점에서는 ICD-10이 아직 일본에서는 현역입니다만, 2022년에는 후생노동성이 ICD-11을 일본에 적용하여, 전국의료기관에서 사용될 것이라고 합니다. 그렇게 된 시점에, 일본에서 「도박장애」라는 말이 정식 의학 용어가 됩니다. 본서에서는 이를 미리 반영하여, 이 도박장애라는 용어를 사용하기로 합니다.

2013년에 일어난 큰 변화

2013년에 DSM-5에서 도박장애의 명칭이 바뀌었다는 설명을 하였지만, 사실상, 명칭이 바뀐 것뿐만 아니라 질병의 분류도 변경되어 알코올 중독이나 약물 중독과 같은「물질관련 장애 및 중독성 장애 집단」에 들어가게 되었다는 점이 중요합니다. DSM-IV까지는 도박장애은「병적도박」이라는 명칭으로「충동조절장애」카테고리에 속했습니다. 이 카테고리에는 머리털을 뽑아버리는 발모벽 같은 증상이나 불을 지르려는 방화벽 등이 포함되어 있는, 비교적 마이너한 카테고리입니다. DSM-IV에서 DSM-5로 넘어가면서 도박장애은 약물중독이나 알코올중독과 동일한 카테고리에 포함되었으며, 이에 따라 질병의 이름도 변경되었습니다.

이러한 변화의 배경에 대해 참고할 만한 점은 미국의 코네티컷 대학의 낸시 페트리(PETRY, N.M) 교수는「도박장애은 약물 중독, 알코올 중독과 동일하게 통제 장애, 내성, 금단 증상 등과 뇌 내 보상 시스템과 관련된 메커니즘, 효과적인 치료가 공통적으로 존재한다. 그래서 이를 같은 범주에 포함시키기로 했다」고 말했습니다. 구체적으로는, 도박장애에서도 약물 중독이나 알코올 중독과 마찬가지로 도파민 작용성 신경 세포와 관련된 보상 시스템이 관련되어 있습니다. 또한 약물 중독이나 알코올 중독의 경우와 마찬가지로 도박장애 치료에는 인지행동치료나 자조 모임 참여가 효과적입니다. 이러한 이유로 동일한 범주에 포함되게 된 것입니다. 이는 반대로 말하면「도박장애은 약물 중독이나 알코올 중독과 동일한 방법론으로 지원할 수 있다」는 것입니다. 따라서, 독자 중 도박장애에 대한 경험이 없고, 약물 중독이나 알코올 중독 지원 경험이 있는 분들도 걱정할 필요가 없습니다. 이전의 중독 지원 경험을 바탕으로 동일한 방법론으로 지원할 수 있습니다.

제 3 절 도박장애의 개요

도박장애의 배경에 대해 설명

먼저 알아두셔야 할 사실은 도박장애가 드물지 않은 질병임을 말씀드리고 싶습니다. **[도표 1-5]**는, 독립행정법인 국립병원기구 구리하마 의료센터(이하 구리하마 의료센터)가 2021년 8월에 발표한「도박장애 및 관련 문제의 현황 조사 보고서」의 일부 요약입니다. 이 조사는, 구리하마 의료센터가, 2020년도에 일본 보건복지성의 조사 연구 사업으로 진행한 것입니다.

도표 1-5 지난 1년 동안의 도박 장애 의심자 비율(SOGS 5점 이상)

	남성	여성	남녀합계
비율 (95%신뢰구간)	3.7% (3.2~4.4%)	0.7% (0.4~1.0%)	2.2% (1.9~2.5%)

자료: 마쓰시타 유키오, 니타 지에, 토야마 토모미, 2020년도 의존증에 관한 조사 연구 사업 도박 장애 및 도박 관련 문제의 실태 조사 보고서 독립행정법인 국립병원기구 구리하마 의료센터, 2021.을 바탕으로 필자가 작성.

그 조사 결과에 따르면, 지난 1년간 도박장애가 의심되는 사람들의 비율은 약 2.2%로 추정되었습니다. 이는 세계적으로 사용되는 스크리닝 테스트인 SOGS (South Oaks Gambling Screen)에서 기준으로 5점 이상인 사람들을 대상으로 조사한 결과입니다. 또한 이 보고서에 따르면, Goodie 등의 연구에서는[1] SOGS 5점 이상인 사람들 중 약 47%가 DSM-5 기준으로 도박장애에 해당한다고 합니다.

이 정보를 바탕으로 도박장애의 발병률은, 대략 1% 정도로 생각할 수 있습니다. 이는 정신분열병의 유병률과 거의 비슷합니다.

정신분열병 환자는 전국의 정신과 병원이나 정신과 클리닉에서 많이 진료를 받는다는 사실을 아실 것입니다. 만약 도박장애 환자들이 모두 정신과 병원이나 정신과 클리닉을 찾는다면, 그 수가 비슷할 가능성이 있습니다. 이렇게 드물지 않다는 질환임을, 고려해 주시기 바랍니다.

도박장애의 병태

다음은 병태입니다.「알고 있지만 멈출 수 없다」는 통제장애가 도박장애의 본질입니다. 이 증상으로 매우 흔한 것은 거짓말과 부채(또는 경제적 파탄)입니다. 다른 중독인, 예를 들어 약물 중독이나 알코올 중독과 비교할 때, 통제장애 측면에서는 유사합니다. 그러나 도박장애에서는 경제적 문제가 연결되므로, 게임 자금을 마련하기 위한 거짓이나 게임을 위한 시간을 만들기 위한 거짓과 같은 식으로, 거짓말이 필연적이라고 합니다. 또한 도박 자금을 마련하기 위한 부채나 경제적 파탄도 필연적이라고 합니다. 돈이 빠르게 없어지고, 부채를 짊어지거나 거짓말을 하면서 심리적으로도 굴곡이 많아지기 때문에 우울증이나 자살과 깊은 연관이 있습니다. 이와 같이 거짓말, 부채, 우울증, 자살이 주요 키워드입니다.

위에서 설명한 바를 고려할 때, 우리 지원가가 주의해야 할 점은 두 가지입니다. 첫 번째는 도박과는 관계가 적은 일반적인 상담 상황에서 우울증 환자가 왔을 때, 그 사람에게 어떤 식으로든 부채나

1) Goodie, A.S.et al.「Evaluating the South Oaks Gambling Screen With DSM-IV and DSM-5 criteria: Results From a Diverse Community Sample of Gamblers, Assessment, 20 (5): 2013, 523-531

경제적 파탄 문제가 있을 수 있으니, 도박 문제가 있는지 확인할 필요가 있다는 점입니다. 이 때에는, 「휴가 때에는 대체로 무엇을 하셨나요?」 또는 「가장 많은 시간을 보내는 취미는 무엇인가요?」와 같이 부드럽게 묻는 것이 좋을 수 있습니다. 두 번째로, 반대로 상담에 온 사람이 도박 문제가 있으면, 그 사람이 우울증이나 자살 고민을 가지고 있을 수 있다는 점입니다. 우울증이나 자살 위험을 평가하고 필요하다면 의료 기관으로 연결하는 것이 중요합니다.

또한, 도박장애의 배경은 다양하다는 점에도 주의가 필요합니다. 후술하겠지만, 도박장애를 원인별로 유형별로 분류하면 ① 게임을 하다가 습관이 되어버린 유형, ② 우울증이나 불안을 진정시키기 위해 게임에 빠져든 유형, ③ 행동을 억제하는 전두엽 기능의 생물학적 취약성, 즉 기능의 취약함이 조금의 자극으로 급속히 빠져든 유형 등, 대략 세 가지 유형이 있다고 알려져 있습니다. 이러한 다양한 배경으로 인해 도박장애로 이어질 수 있지만, 이 유형별로 당사자에게 필요한 지원이 달라집니다(유형별 지원은 제7절에서 후술합니다). 그러므로 지원가는 상담에 온 당사자가 어떤 유형에 해당하는지를 항상 생각하며 지원하는 것이 중요합니다.

현재의 도박 상황

계속해서 도박의 현재 상황입니다. 도박 용어 중 하나로 EGM이라는 용어가 있습니다. EGM은 Electronic Gaming Machine의 약어로, 전자 게임 기계를 의미합니다. 이는 파친코 기계나 슬롯머신과 같은 전기식 도박 기계 전반을 포함합니다. 놀랍게도, 전 세계의 EGM 중 56%가 일본에 있다는 조사 결과가 있습니다.[2)] 구체적으로 말하면, 2021년 5월에 경찰청이 발표한 자료에 따르면, 일본 전역에는 파친코와 슬롯머신이 총 4,004,787대가 설치되어 있습니다. 또한 경찰청에 따르면, 2020년 말 기준으로 파친코 가게의 수는 9,035개입니다. 많은 가게와 많은 전자 게임 기계 수가 도박장애에 걸리는 사람 수가 많은 원인 중 하나라고도 합니다. 그리고 도박장애가 있는 사람들이 가장 많이 참여하는 도박은, 역시 파친코와 슬롯머신입니다. 저희 센터에서의 통계에 따르면, 방문하는 도박장애자의 약 70%가 파친코와 슬롯머신 관련 문제를 겪고 있습니다. 그리고 최근 약 3년간의 추이로 보면, 공영 경기에서 특히 경마와 관련된 상담이 많이 늘어났으며, 그 중 대다수가 인터넷 투표를 통한 것입니다. 이는 스마트폰에서, 간편하게 경마, 경륜, 경정 등의 공영 경기에 온라인으로 참여할 수 있기 때문에 증가하고 있다고 보입니다.

저희 센터에서는 이전에는 도박장애 상담자 중 10% 정도가 경마, 경륜, 경정 등의 공영 경기와 관련된 사람들이었지만, 최근에는 약 30%까지 늘어났습니다. 특히 코로나19 팬데믹 이후, 이 추세가 더욱 강화된 것 같습니다.

2) Ziolokowski, S., 「World Count of Gaming Machines 2019,「 Gaming Technologies Association, 2020.

도박장애의 증상

다음은 도박장애의 증상에 대해 이야기하겠습니다. **[도표 1-6]**은 미국 정신의학회의 진단 기준인 DSM-5에서 나열된 증상입니다. 이러한 증상들을 알코올 의존증이나 약물 의존과 공통점이 있는 증상과, 도박장애의 특유의 증상으로 구분하여 정리해 보면 이해하기 쉬울 것입니다.

첫 번째 「흥분을 얻기 위해, 도박 금액을 증가시키는 요구」는, 일반적으로 내성이라고 불리는 증상으로, 다른 종류의 의존증에서도 나타납니다. 알코올 의존증에서는, 소주 한 잔으로 취해지던 사람이, 5잔 정도를 마셔야 취해지는 것과 비슷한 상황입니다.

두 번째 「도박을 중단하거나 중지하면 안정되지 않거나 짜증이 남」은 일반적으로 「금단」이라 불리는 증상입니다. 이 역시 다른 종류의 의존증에서도 나타납니다. 알코올 의존증에서는, 술이 끊기면 짜증이 나거나 손이 떨리는 상태입니다.

도표 1-6 도박 장애 진단 기준 (DSM-5)

A. 임상적으로 의미 있는 기능 장애 또는 고통을 초래할 수 있는 지속적이고 반복적인 문제 도박 행동으로, 해당 개인이 지난 12개월간 다음 중 4가지(또는 그 이상)를 나타낸다.

(1) 흥분을 얻기 위해 걸고 있는 돈을 늘리고 도박을 하는 요구
(2) 도박을 중단하거나 중단하면 안정되지 않거나 짜증이 남
(3) 도박을 제한하거나 줄이거나 중단하는 등의 노력을 반복했으나 성공하지 못한 적이 있음
(4) 자주 도박에 사로잡혀 있음(예: 과거의 도박 경험을 다시 경험하거나, 핸디캡을 작성하거나, 다음 도박의 계획을 세우거나, 도박을 위한 돈을 끊임없이 생각함)
(5) 고통스러운 기분(예: 무기력, 죄책감, 불안, 우울) 일 때 도박을 하는 경우가 많음
(6) 도박에서 돈을 잃은 후 다음 날에 그 돈을 회수하러 돌아오는 경우가 많음 (「깊이로 인해 잃은 돈을 뒤쫓음)
(7) 도박 중독을 숨기기 위해 거짓말을 함
(8) 도박으로 인해 중요한 인간관계, 직장, 교육 또는 직업적 기회를 위협하거나 잃은 경험이 있음
(9) 도박으로 인해 절망적인 경제 상황이 발생했을 때, 타인에게 돈을 빌려 달라고 요청합

B. 해당 행동은 조울증 발작으로는 잘 설명되지 않음.

출처: 일본 정신신경학회 일본어판 용어 감수, 타카하시 사브로 오오노 히로시 감역「DSM-5 정신질환의 진단·통계 매뉴얼「, 의학도서출판사, 2014.

3번째 항목인 「도박을 제한하려고 노력하였으나 성공하지 못한 경험이 있음」은 「알고는 있지만 멈출 수 없다」는 통제 장애를 의미하며, 다른 중독과도 공통점이 있습니다.

4번째 항목인 「자주 도박에 마음을 빼앗겨 있음」은 몰두 또는 사로잡힘을 의미하며, 다른 중독과도 공통적인 증상입니다.

5번째 항목인 「고통스러운 기분(예: 무기력, 죄책감, 불안, 우울)일 때 도박을 하는 경우가 많음」은, 예를 들어 주부가 불안이나 우울을 날리기 위해 파친코에 빠져들게 되는 상태를 말합니다. 이 역시 다른 중독과 공통점이 있습니다.

6번째 항목인 「도박으로 잃은 돈을 다시 찾기 위해 '추적'이 자주 발생함」은 다른 중독에는 없는, 도박 특유의 증상입니다.

7번째 항목인 「도박 중독을 숨기기 위해 거짓말을 하게 됨」은 술을 마시기 위한 거짓말이나 약물을 구하기 위한 거짓말과 비슷할 수 있지만, 도박 중독에서 매우 흔하며, 거의 필연적입니다.

8번째 항목인 「도박을 통해 중요한 대인 관계, 직장, 교육 또는 직업 기회를 위협하거나 잃은 경험이 있음」 또한 다른 중독과 공통점이 있습니다. 증상이 진행되면, 대인 관계나, 사회 생활 등, 여러 측면에 지장을 줍니다.

9번째 항목인 「도박으로 인해 절망적인 경제 상황이 발생하자, 다른 사람에게 돈을 빌려 달라고 요청함」 또한 거짓말과 함께 도박장애의 특유의 증상입니다. 알코올 중독이나 약물 중독에서는, 이는 진단의 주요 기준이 되지 않습니다.

이와 같은 방식으로 각 항목을 정리하면서, 알코올 중독이나 약물 중독에서 나타나는 증상과 비교해 보시면 좋겠습니다. 이를 모두 암기할 필요는 없지만, 거짓말과 빚이 도박 중독의 특징적인 요소임을 기억하셔야 합니다.

제4절 동반하는 정신장애

도박장애와 동반되는 정신장애

2007년부터 2009년까지의 연구에 따르면 (연구팀의 자료를 참고한 **[도표 1-7]**, 우울증과의 동반율은 약 46%로 나타났습니다. 그러나 도박장애와 우울증의 동반 현상에는 사실 두 가지 유형이 있습니다. 하나는 우울증의 고통을 잠시나마 잊기 위해 게임을 하다가 중독에 빠지게 되는 경우입니다. 다른 하나는 그 반대로, 도박장애가 심각해져 거짓말이나 빚에 몰리면서 우울증을 겪게 되는 경우입니다. 즉, 우울증에서 도박장애로, 도박장애에서 우울증으로 양방향성이 존재하는 것입니다. 이 연구에서는 그 방향성을 고려하지 않고, 우울증과 도박장애가 동반되는 비율만을 조사한 결과, 약 46%의 동반율이 있었다고 보고하고 있습니다.

도표 1-7 도박장애와 공존하는 정신장애

정신장애(진단명)	국내 조사
우울증	45.7%
기분 변조증	6.0%
조증	0.9%
광장 공포증을 동반하지 않는 공황장애	1.7%
사회 불안 장애	7.8%
PTSD(외상 후 스트레스 장애)	0.9%
전반적 불안 장애	1.7%
알코올 남용	3.4%
약물 남용	0.9%
알코올 의존	8.6%
약물 의존	0%
반사회성 인격장애	2.6%

출처: 후생노동성 과학연구비 보조금 장애자 대책 종합 연구 사업 성격 장애 및 이른바 도박 의존정의 실태와 지역 케어의 촉진에 관한 연구. 2007~2009년도 분담 연구 보고서

도표 1-8 자살 문제와의 관련성

No.	대상자	자살 사고		자살 기도	
		1년 이내 경험률	평생 경험률	1년 이내 경험률	평생 경험률
(1)	전 국민에서 무작위 추출	4.0%	19.1%	-	-
(2)	건강 대조군	2.7%	14.5%	0%	1.8%
	병적 도박군	26.7%	62.1%	12.1%	40.5%
(3)	알코올 사용 장애자	-	55.1%	-	30.6%
	약물 사용 장애자	-	83.3%	-	55.7%
(4)	주요 우울 삽화 해당자	19.4%	-	8.3%	-

출처: 후생노동성 과학연구비 보조금 장애자 대책 종합 연구 사업 성격 장애 및 이른바 도박 의존정의 실태와 지역 케어의 촉진에 관한 연구. 2007~2009년도 분담 연구 보고서

자살 문제와의 관련성

2007년부터 2009년까지의 데이터를 기반으로 한 후생노동과학연구반의 연구에 따르면, 정상인과 비교했을 때, 자살 시도에 대한 경험은, 평생에 40%가 넘고, 최근 1년 이내에 경험한 사람도 12%에 이릅니다**[도표 1-8]**. 또한, 평생 자살 고민을 하게 되는 사람은 60% 이상이며, 최근 1년간만 봐도

4명 중 1명이 자살 고민을 하게 됩니다. 약물 의존자의 경우, 자살 고민과 자살 시도를 경험한 비율은 도박장애보다 더 높지만, 도박장애가 그 다음으로 높은 비율을 보입니다. 거짓말이나 빚 때문에 자살 위기에 처하는 것이 얼마나 심각한 상황인지를 이해할 수 있을 것입니다.

제5절 도박장애의 발병 메커니즘

도파민의 작용

1 '학습'의 구조

계속해서, 도박장애의 발병 메커니즘에 대해 설명하겠습니다. 이 설명을 하기에 앞서, 먼저「학습」메커니즘에 대해 설명하겠습니다[도표 1-9].

예를 들어 개가 주인의「악수!」라는 명령을 듣고, 우연히, 앞 발을 내밀어「악수 동작」을 취한다고 가정해 봅시다. 그러면, 주인으로부터, 맛있는 간식으로「보상」을 받거나, 칭찬을 받을 수 있습니다. 이로 인해, 개의 뇌 내「보상 시스템」이라 불리는 신경 회로가 활성화됩니다. 활성화된 보상 시스템은 뇌 내 측좌핵이라는 곳에서 도파민이라는 물질을 분비합니다. 이 도파민 분비는, 개의 뇌 내에서「악수!」라는 소리 계기와「악수 동작」을 하는 행동 간의 연결을 강화시킵니다. 그 결과「악수!」라는 명령을 들으면 반드시「악수 동작」을 하게 되는 것입니다. 이와 같이, 행동 후의 보상에 의해, 계기와 행동 간의 연결이 강화되는 현상을,「학습」이라고 합니다

도표 1-9「학습」의 구조

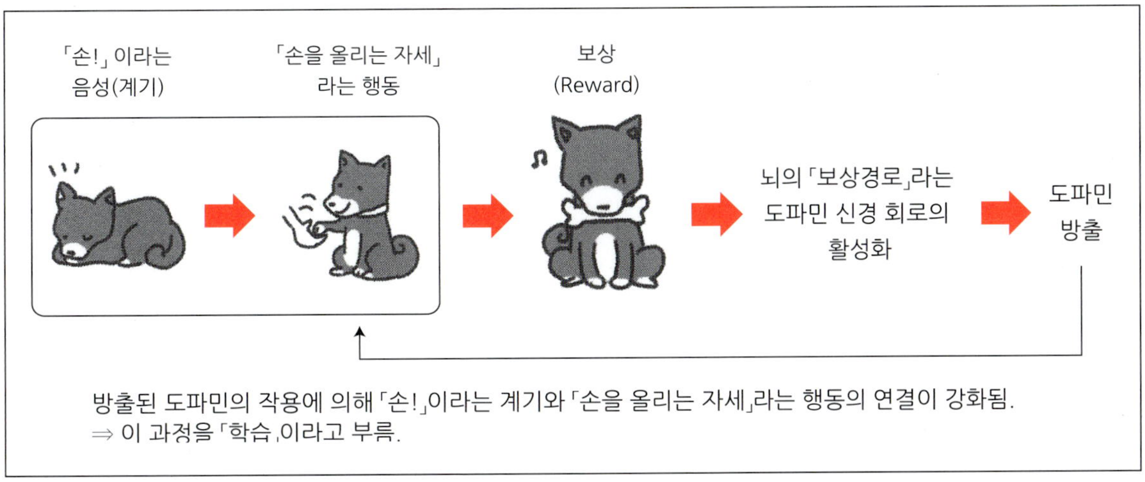

도표 1-10 도박의 반복에 의한, 학습 구조의 오작동 모습

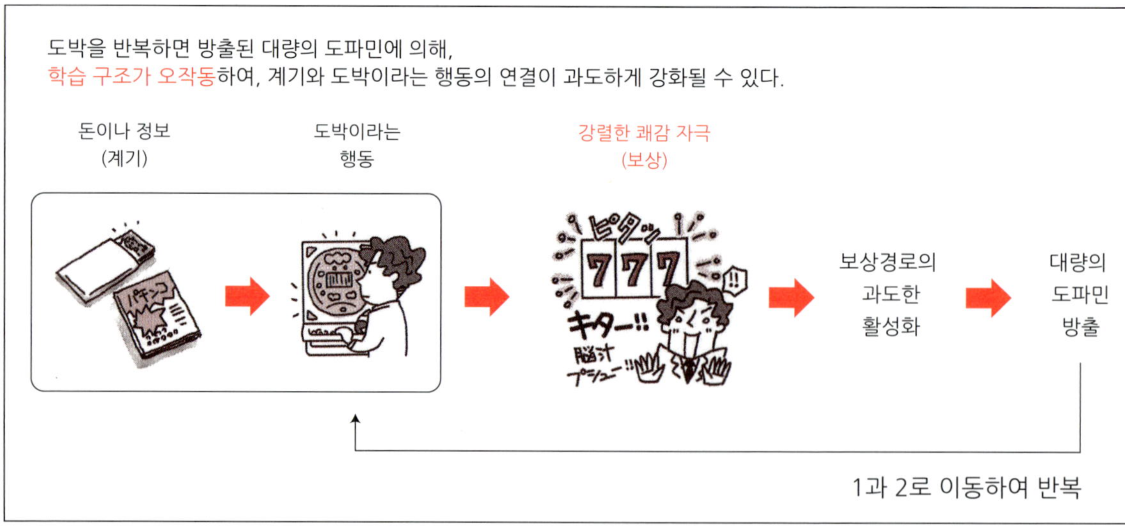

2 「학습」 구조의 오작동

이와 같은 현상이, 도박을 하는 사람의 뇌 내에서도 일어납니다**[도표 1-10]**. 돈이나 도박과 관련된 정보와 같은 계기가 발생하면, 사람이 도박이라는 행동을 선택할 수 있습니다. 그리고 대성공을 하게 되면, 번쩍 번쩍, 짤랑짤랑 하며 뇌가 강력하게 자극되는 광고와 소리로 인해 뇌 내 보상 시스템이 과도하게 활성화됩니다. 이로 인해, 대량의 도파민이 뇌 내에 분비됩니다. 이러한 과정을 반복함으로써 분비된 대량의 도파민으로 인해, 학습 메커니즘이 잘못 작동하게 되어, 돈이나 정보와 같은 계기와, 도박이라는 행동 간의 연결이 지나치게 강화되어 버립니다.

뇌에서 일어나는 3가지 변화

이러한 「학습」 메커니즘의 잘못된 작동으로 인해, 뇌 내에서 세 가지 변화가 일어납니다**[도표 1-11]**.

첫 번째 변화는, 도박 행동이 미세한 계기 자극으로 선택되는 상태입니다. 우연히 손에 5,000엔이

도표 1-11 학습 구조의 오작동에 의해 뇌에서 일어나는 3가지 변화

① 계기에 과민 반응하게 됨
- 아주 사소한 계기로도, 도박 행동이 선택됨

② 보상에 둔감해짐(만 원권이 종잇조각처럼 보임)
- 약간의 승리로는 만족할 수 없음
- 패배해도 큰 문제로 인식하지 않음
- 도박 이외의 것들이 즐겁지 않게 됨

③ 도박 행동 선택을 억제하는 구조가 약해짐
- 의지력으로 그만둘 수 없음

있거나, 직장의 휴게실에서 동료가 슬롯머신에서 이겼다는 이야기를 들으면 그것만으로 슬롯머신에 가고 싶어서 못 견딜 정도가 될 수 있습니다.

두 번째 변화는, 보상에 대해 둔감해지는 것입니다. 대량의 도파민을 반복적으로 받게 되면, 뇌가 도파민에 대해 둔감해집니다. 즉, 약간의 도파민이 나오는 자극에서도, 보상으로 인식할 수 없는 상태입니다. 만일 50,000원 지폐가 그저 종이 조각으로 보이고, 50,000원을 따도 그리 기쁘지 않고, 반대로 50,000원을 잃어도 그리 분하지 않은 상태가 됩니다. 그리고 도박 이외의 일에서도 도파민이 조금 나오더라도 전혀 기쁘지 않게 되어, 도박 이외의 일이 즐겁지 않아집니다. 식사를 하거나, 칭찬을 받거나, 업무에서 성취를 해도, 전혀 기쁘지 않게 됩니다.

세 번째 변화는, 도박 행동을 억제하는 메커니즘이 약해지는 것입니다. 보통 뇌의 전두엽이 작동해서, 어떤 행동을 하지 말아야 할 상황이면 그 행동을 「의도적으로 멈추거나」 「억제」할 수 있는 메커니즘이 있는데, 그것이 점점 약해지게 됩니다.

회복을 위한 2가지 기술

그러면, 도박 중독으로 인해 뇌 내에서 이러한 변화가 일어나고 있는 경우, 어떻게 회복할 수 있을까요? 다시 말해, 도박으로 인해 인공적으로 과다하게 분비된 도파민으로 인해 균형이 깨진 뇌를 어떻게 회복시킬 수 있을까요?

이를 위해서는 환경을 조정하여, 과다한 도파민을 더 이상 체험하지 않도록 해야 합니다[도표 1-12]. 도박의 계기를 효과적으로 피하고, 도박에서 멀어진 생활을 지속함으로써, 뇌가 과다 도파민을 경험하지 않게 되어서, 3가지 변화가 발생된 뇌가 그 변화를 점진적으로 복구할 수 있습니다. 또한, 이 변화를 일으킨 뇌는 도박 행동을 억제하는 능력이 약해져 있기 때문에, 계기를 완전히 피할 수 없어서, 「하고 싶다」고 생각했을 때에도, 「하지 않겠다!」고 강한 의지를 가지려고 해도, 잘 되지 않을 수 있습니다.

도표 1-12 회복을 위한 필수 사항

- 회복을 위해선, 강한 의지를 갖는 것보다 도박의 신호를 효과적으로 피하고, 도박에서 멀어지는 생활을 지속하여, 신호에 과민하고 보상에 둔해진 뇌를 회복하는 것이 효과적이다.
- 또한, 도박 행동 선택을 억제하려는 능력이 약해져있기에 도박을 하고 싶을 때 참는 것이 아니라 다른 행동을 시도하는 것(대처 행동)이 효과적이다.

이때「하고 싶다」고 생각했을 때 즉시 다른 행동을 시도하는 것, 즉 다른 행동으로 치환하는 것이 효과적입니다. 이것을 대체 행동이라고 합니다. 이러한「계기 피하기」와「대처 행동하기」라는 두 가지 기술을, 당사자와 함께 구체적으로 배우는 것이, 본 책의 주제인 SAT-G 프로그램입니다.

제6절 도박장애의 치료

도박장애의 치료에 대해

약물 치료로는 유감스럽게도, 현재 이 병명에 보험 적용되는 약물은 없습니다. 나트렉손이나 나르메펜과 같은 오피오이드 수용체 길항제(마약작용을 억제하는 약물)는 어쩐지 도박장애에도 효과가 있는 것으로 보이지만, 미국을 포함한 해외에서도 도박장애의 치료로 승인되어 있지 않습니다. 일본 역시 마찬가지입니다. 따라서, 현재로서는 약물 치료는 어려운 상황입니다.

심리 치료로는, 제5절에서 언급한 대로, 도박을 유도하는 자극을 피하고, 도박하고 싶은 충동이 생기면 도박이 아닌 다른 행동으로 대체하고, 대체하는 행동을 취하려는, 인지행동치료의 접근 방식을 기반으로 한 프로그램이 전 세계적으로 확산되고 있습니다. 인지행동치료의 효과는 많은 무작위 대조 시험(RCT)에서 검증되었으며, 이러한 결과를 종합한 리뷰 논문도 출판되었습니다.

column

RCT(Randomized Controlled Trial)란

RCT는 어떤 치료가 얼마나 효과가 있는지를 조사하기 위한 시험 방법입니다. 구체적으로 말하면, 예를 들어 특정 시설에, 특정 질병 환자 100명이 찾아왔다고 가정합니다. 이들을 무작위로 두 그룹으로 나누어 50명씩으로 구성합니다. 한 그룹에는 특정 치료를 시행하고, 다른 그룹에는 해당 치료를 시행하지 않습니다. 그리고 6개월 후에 어느 그룹이 해당 질병이 개선되었는지를 비교합니다. 이 방법을 통해 치료의 효과를 평가합니다. 이와 유사한 실험을 TV 프로그램에서 본 적이 있는 사람들도 있을 것입니다. 예를 들어, 고혈압 환자를 모아, 두 그룹으로 나누고, 한 그룹에는 자기 전에 물질 X가 포함된 차를 마시게 하고, 다른 그룹에는 물질 X가 포함되지 않은 차를 마시게 합니다. 그리고 6개월 후에, 어떤 그룹의 혈압이 어떻게 변했는지를 비교하는 방식입니다. 이 결과, 자기 전 물질 X가 포함된 차를 마신 그룹의 혈압이 다른 그룹보다 낮아지면, 자기 전 물질 X가 포함된 차를 마시는 것이 혈압을 낮출 수 있는 효과가 있다고 말할 수 있습니다. 이것이 RCT의 방법입니다.

그리고 알코올 의존증이나 약물 의존과 마찬가지로, 자조 그룹의 효과성도 명확히 입증되어 있습니다. 알코올 의존증의 경우, \AA(Alcoholics Anonymous)와 같은 자조 그룹이 있으며, 약물 의존의 경우 NA(Narcotic Anonymous)가 있습니다. 도박에서도 마찬가지로 GA(Gamblers Anonymous)라는 자조 그룹이 있으며, 전국에서 활동하고 있습니다. 자조 그룹에 참여함으로써 자신의 어려움을 이해해 주는 동료들을 만나거나, 또한 회복한 사람들(「앞서가는 동료」로 불립니다)을 만나, 자신의 회복 가능성을 느낄 수 있습니다.

도박장애의 인지행동 치료의 진료수가화

2020년 4월의 요양급여 개정에서, 드디어 도박장애에 대한 인지행동치료에 진료수가의 보험 점수가 부여되었습니다. 이는 국립연구개발법인 일본 의료연구개발기구(AMED)의 연구로, 구리하마 의료센터가 중심이 되어 작성한 프로그램으로, 「도박장애 표준적 치료 프로그램」이라는 이름이 붙어 있습니다. 보험 점수로는, 의존증 집단치료당 1회에 300점입니다. 다만, 도도부현이 지정하는 의존증 전문 의료기관에서 진행해야 하며, 「도박장애 표준적 치료 프로그램」의 텍스트에 따라야 하며, 구리하마 의료센터에서 실시하는 프로그램 실시자용 연수를 받은 사람이 진행해야 하며, 진료수가의 산정은 3개월을 한도로 하고 2주에 1회로 제한됩니다. 그러나 유감스럽게도, 신종 코로나바이러스 감염증의 영향으로, 2021년 11월에야 연수가 시작된 상황입니다.

실은, 본 책의 주제인 SAT-G 프로그램은 이 「도박장애 표준적 치료 프로그램」을 기반으로 한 프로그램 중 하나입니다. 구리하마 의료센터가 이 프로그램을 만들기 위해, 2017년 5월 14일에, AMED의 연구팀 소속 여러 의료기관을 모아, 프로그램에 대한 프레젠테이션이 진행되었습니다. 이러한 프로그램들을 바탕으로 만들어진 것이 「도박장애 표준적 치료 프로그램」입니다. 저희도 그 자리에 초대받아 SAT-G 프로그램에 대해 프레젠테이션을 하였고, 프로그램 첫머리에 「작성 협력자」로 이름이 포함되어 있습니다. 구리하마 의료센터의 이 프로그램 안에는 SAT-G 프로그램의 핵심이 담겨있을 수 있다고 할 수 있습니다.

제 7 절 도박장애의 유형 분류

도박장애의 3가지 유형

2011년에 발표된 보건복지과학연구에서는, 도박장애의 유형 분류를 발표하였으며,도박장애가 어떤 원인으로 발생하는지에 따라 타입 I, 타입 II, 타입 III로 분류하고 있습니다[도표 1-13].

타입 I는 가장 빈도가 높으며, 단순 중독형이나 핵심 그룹으로도 불립니다. 요컨대「하는 도중에 습관이 되어버린 사람」입니다. 우리가 도박장애나 도박 의존이라고 들었을 때, 먼저 떠오르는 타입입니다. 도박을 처음 해보고 Beginner's luck으로 대성공을 거둬서, 그게 습관이 되어, 계속해서 한 결과입니다. 이러한 사람들을 상상하면 좋습니다.

이어서 타입 II는 다른 정신 질환 선행형이라고도 불립니다. 선행하는 정신 질환으로는 우울증이나 불안장애가 가장 많습니다. 우울증이나 불안이 선행하여 그것을 해소하기 위해 도박을 하다가 도박에 빠져들게 되는 사람들입니다. 이 타입은 여성이 많은 인상이 있습니다. 타입 II의 경우, 경마 등, 열심히 생각하여 내기를 걸어야만 하는 도박이 아니라, 파친코처럼 멍하게, 그냥 기계 앞에 앉아 손을 움직이며 아무생각 없이도 되는 도박이 많이 있다는 인상이 있습니다. 우울증이나 불안으로 고통스럽고, 그것을 해소하기 위해 파친코대 앞에 앉아 있으면 모든 것을 잊고 파친코를 하는 시간이 행복하다고 할 때, 그런 이미지로 받아들여주세요.

타입 III는, 성격 등의 문제형이라고도 불립니다. 성격이라는 말이 들어가 있지만, 오히려 생물학적인 배경이 있는 것으로 생각하는 것이 좋습니다. 이 타입의 사람들은 뇌에 생물학적 취약성이 있어 충동을 제어하는 능력이 약하기 때문에 우연히 시작한 도박에 급속히 빠져들었다는 이미지를 가질 수 있습니다. 광범성 발달 장애, 주의 결핍 과잉 행동 장애(ADHD), 지적 장애 등의 사람들에게 많은 인상이 있습니다. 앞서 설명한 타입 I, 타입 II의 경우, 40대쯤 되어서 상담을 받으러 오는 분들이 많은 인상이 있지만, 이 타입 III의 경우 급격히 빠져들어서인지, 상담을 받으러 오시는 분들은, 대부분 20대 초반에서 중반이라는 인상이 있습니다. 반대로 말하자면, 20대 초반에서 중반에 상담을 받으러 오시는 분들은, 타입 III를 의심해도 좋을 것입니다.

도표 1-13 도박장애의 유형 분류

유형	다른 이름	설명
타입 I	단순 중독형 (핵심 집단)	도박 등에 깊이 빠져 있지만, 다른 정신장애와의 동반은 없는 그룹(도박 등의 문제로 인해 발생한 이차적인 우울증이나 불안 증상은 제외됨)
타입 II	다른 정신장애 선행형	우울증, 양극성 장애, 조현 스펙트럼 장애, 알코올 의존 등이 도박 등의 문제에 선행하여 나타나는 그룹
타입 III	성격 등의 문제형	반사회성 성격장애, 광범성 발달장애, 지능장애, 치매, 기질적 문제 등으로 충동 제어가 어려운 상태 등이 동반되는 그룹

출처:「후생 노동성 과학연구비 보조금 장애자 대책 종합 연구 사업 병적 도박(이른바 도박 의존)의 개념 검토 및 각 관련 기관의 적절한 연계에 관한 연구. 23년도 분담 연구 보고서」 일부를 수정하여 작성

유형별 대응

[도표 1-14]는 위에서 언급한 도박장애의 유형 분류를 발표한 연구팀이 제시한, 유형별 대응 플로우 차트입니다. 유형 I은 인지행동치료를 시행하고, 자조 그룹(GA)에 연결하는 것이 주요한 내용입니다. 유형 II의 경우, 우선 우울증이나 불안장애와 같은 동반 정신질환에 대한 치료를 시행합니다. 동시에 유형 I와 같이 인지행동치료를 시행하고 자조 그룹에 연결해 나갑니다. 유형 III에서는 먼저 사회적 자원을 활용하여 계기를 피하도록 합니다. 낮에 할 일이 없으면 도박에 빠지기 쉬우므로, 사회적 자원을 활용하여 낮에 할 수 있는 활동을 확보하고, 동시에 가능한 범위 내에서 인지행동치료를 시행하며, 자조 그룹에 소개하는 방식으로, 치료를 진행합니다.

SAT-G의 활용

이에 따라, SAT-G프로그램의 활용 방법은 **[도표 1-15]**를 참조하십시오. 유형 I에서는, 습관이 되어버린 사람들에게, SAT-G 프로그램을 수강시키고 자조 그룹을 소개합니다. 유형 II에서는, 불안이나 우울 등이 있어 그것을 가라앉히기 위해 도박에 빠지게 된 사람들에게는, 동반하는 정신질환에 대해 의료와 확실히 협력하며 SAT-G 프로그램을 시행합니다. 그리고 자조 그룹도 소개합니다. 동반하는 정신질환으로 인해, SAT-G 프로그램이 어려운 경우에는, 의료나 복지와 협력하여 SAT-G 라이트

도표 1-14 도박에 문제가 있는 사람이 의료 기관을 방문했을 때의 대응 플로우 차트

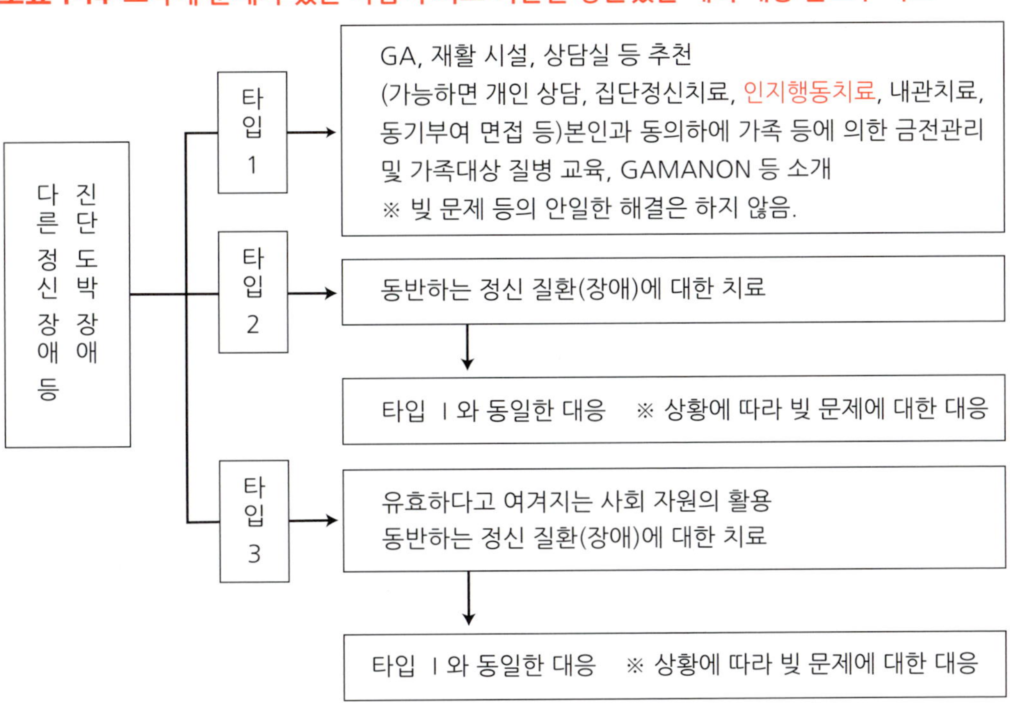

출처: 「후생노동성 과학연구비 보조금 장애자 대책 종합 연구 사업 병적 도박 (이른바 도박 의존)의 개념 검토 및 각 관련 기관의 적절한 연계에 관한 연구 23년도 분담 연구 보고서「를 일부 수정하여 작성

도표 1-15 SAT-G 프로그램의 유형별 활용 이미지

유형	활용 패턴
타입 I	SAT-G
타입 II	SAT-G+의료 연계
	SAT-G 라이트+의료 및 복지 기관 연계
타입 III	SAT-G 라이트+복지 관련 기관 연계

\+ 자조 그룹

라는 총 3회의 쉬운 버전을 시행합니다. 그리고 유형 III에서는 발달장애나 지적장애가 있는 사람들에게는, 복지기관과 협력하여, SAT-G 라이트를 시행하고, 자조 그룹을 소개합니다. 저희가 소속된 시설에서는 이와 같은 방식으로 지원을 진행하고 있습니다.

제 8 절 자주 묻는 질문과 대답

당사자를 지원의 장에 등장시키기 위해

여기서 지원가들로부터 가장 많이 받는 두 가지 질문에 대해 답변 드리겠습니다. 가장 많이 받는 질문은 「당사자를 지원 장소에 어떻게 등장시킬 수 있을까요?」입니다. 「상담 창구가 열려 있더라도 도박장애 당사자가 지원 장소에 등장하기 어려운 경우가 많다」는 것입니다.

이에 대해, 저희는 다음 세 가지가 중요하다고 생각합니다[도표 1-16]. 첫째는 시각적으로 이해할 수 있는 지원 도구가 있는 것입니다. 예를 들어, 메뉴가 없고 어떤 종류의 요리와 가격대의 메뉴가 있는지 모르는 레스토랑은 가고 싶은 생각이 들지 않습니다. 마찬가지로, 「이런 지원을 제공할 수 있어요」라고 말하고 당사자에게 그 장소에서 직접 보여줄 수 있는 지원 메뉴가 없는 상담 창구에는 당사자가 방문하길 원하지 않을 것입니다. 반면, 패밀리 레스토랑의 사진이 있는 메뉴판처럼,

도표 1-16 당사자가 지원의 장에 등장시키기 위해서는

1. 눈으로 확인할 수 있는 지원 도구가 있는 것
2. 홈페이지 등에 필요한 정보를 게시하는 것
   필요한 정보: 행동 변화를 촉진하는 정보
   지원 실행기관에서의 구체적인 지원 내용
3. 지역 관계 기관과의 연계
   도박 관련 문제에 관여하는 관계 기관이, 도박 문제를 인식하고, 지원에 이어가도록 촉구하는 노력도 필요

「전체 5회로 끝나고, 1회당 약 1시간 걸려요」라고 명확한 구조를 설명하고, 텍스트도 보여준다면, 당사자는 매우 안심할 수 있습니다. 시각적으로 이해할 수 있는 도구, 이것이 필요하다고 생각합니다.

둘째는 홈페이지 등에 필요한 정보를 게시하는 것입니다. 레스토랑 예를 계속하자면, 가게의 홈페이지가 있고 거기에 메뉴를 포함한 필요한 정보가 없다면 손님들은 가게에 오지 않을 것입니다. 이와 마찬가지로, 상담 창구도 필요한 정보를 홈페이지에 게시하는 것이 중요하다고 생각합니다. 이 과정에서는, 환영하는 자세를 보여주며「반드시 상담을 받으러 오세요, 기다리고 있습니다」와 같은 부드러운 표현을 사용하는 것도 중요합니다.

셋째는 지역 관련 기관과의 협력입니다. 지원 프로그램을 오랫동안 실시하면서 점점 알려지게 되고 여러 지역 관련 기관이 당사자를 연결해주기 시작합니다. 저희의 경우, 최근에는 보호 관찰소가 보호 관찰 중인 당사자들을 많이 연결해주고 있습니다. 지원 프로그램을 지속하면 지역 관련 기관과의 협력이 깊어질 수 있으므로, 지원 프로그램을 계속 진행하고 지역 협력 회의 등 다양한 기회를 잡아 이를 홍보한다면 이러한 지역 관련 기관과의 연계는 자연스럽게 이루어질 수 있을 것으로 생각합니다.

가족이 당사자를 상담에 초대하는 방법

두 번째로 자주 받는 질문은,「가족이 당사자와 함께 오기가 어려운 경우 어떻게 해야 하나요?」입니다. 이에 대해서는 **[도표 1-17]**의「이기정 상무」 방법을 추천 드립니다. 이 방법은 대체로 15분 정도면, 전화로도 지원가가 가족에게 전달할 수 있습니다. 저희 센터에서는, 이 방법을 사용해 오전에 가족에게 전화로 설명하면, 점심시간에 가족이 이를 당사자에게 실천하고, 오후 2시에는 가족이 당사

도표 1-17 가족이 당사자를 상담에 초대하는 방법 (이기정 상무)

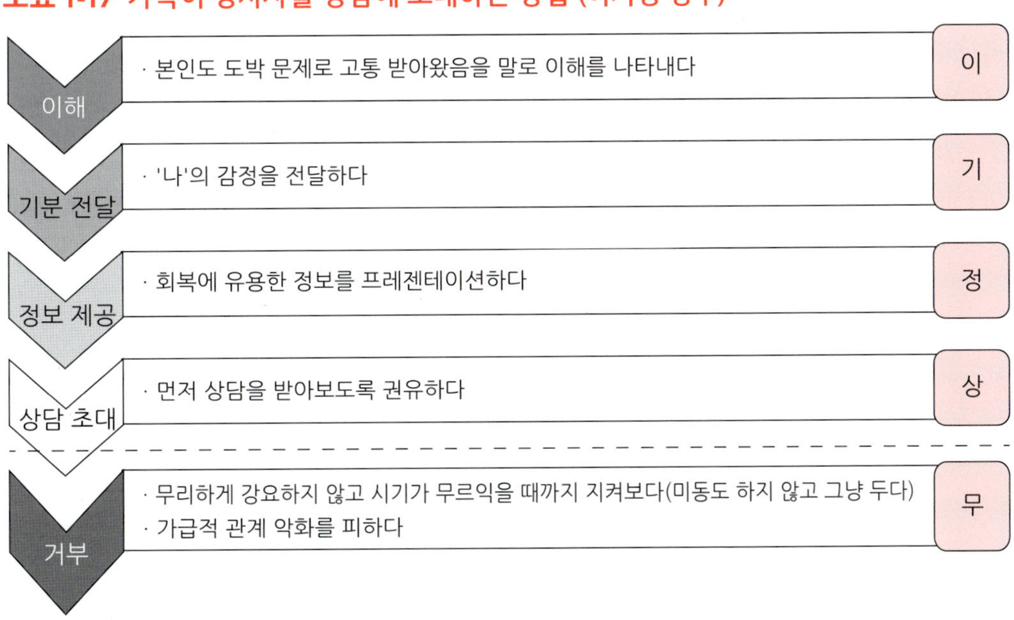

자를 센터에 데리고 오시는 경우가, 최근에 많이 있습니다. 이 방법은 신속하게 효과를 볼 수 있어, 꼭 활용하시기를 권장 드립니다.

이기정상무의 「이」는 「이해를 보여주다」입니다. 가족으로부터, 해당자가 도박 문제로 고생해 온 사실에 대해 격려받고, 이해를 받는 것이 첫 번째 단계입니다. 구체적으로, 가족의 입에서, 「오늘 상담 창구에 전화해본 결과, 본인이 즐기며 하는 것이 아니라, 도박 문제로 고생하다가, 그로 인해 생긴 빚을 해결하려다가, 더 도박을 하게 되어 고생하며 지내고 있다고 알려주셨어요. 당신의 고뇌에 지금까지 주목하지 못했다」와 같은 말을 해 달라고 합니다. 이것이 처음 단계입니다. 이렇게 하면 해당자는 이전에 가족을 피했던 경우라도 약간 놀라며, 그 이후 가족의 이야기에 귀를 기울이려는 가능성이 높아집니다.

이어서, 이기정상무의 「기」는 「내 기분을 전달하기」입니다. 이는 일종의 나 전달법(I message)라고 할 수 있습니다. 「그렇게 고단한 상태에 있으면, 나는 당신에게 지원이 연결되기를 원합니다」라고, 가족이 해당자에게 전달해 달라는 것입니다. 이것이 두 번째 단계입니다.

이기정상무의 「정」은 「정보제공」입니다. 「상담 창구에 전화하면, 회복을 위해 유효한 프로그램이 있다고 들었다」와 같은 회복에 유효한 정보를 가족이 해당자에게 프레젠테이션해 주는 것이 세 번째 단계입니다.

이기정상무의 「상」은 「상담에 초대하다」입니다. 「그래서 나와 함께 상담에 가 보자」고 유인해 주는 것입니다. 이것이 네 번째 단계입니다.

그리고 여기까지가 잘 통할 때도 있고, 잘 통하지 않을 때도 있습니다. 「아니, 지금은 좀 그런 기분이 아니야」라고 해당자가 거절할 수도 있습니다. 그러나 가족이 「왜 내 감정을 이해하지 못하냐!」고 맞대응하면 싸움이 되고, 해당자와의 관계가 무너질 수 있습니다. 그렇게 되면 다음 기회를 놓칠 수 있습니다. 싸움으로 끝나지 않고 기다려 주면, 예를 들어 3개월 후나 반년 후에 해당자가 경제적으로 막다른 골목에 몰리면, 가족에게 도움을 요청할 수도 있습니다. 그 때 기회를 놓치지 않고 빠르게 개입할 수 있도록, 한 번 거절당했더라도 무리하게 강요하지 않고, 기회가 적절히 되기를 기다리는 것이 중요합니다. 즉, 이기정 상무의 「상」과 「무」는 「조금도 움직이지 않고 지나친다」입니다. 가족에게, 「만약 상담에 함께 가는 것을 거절당해도, 그렇게 한번 지나치면 좋다」고 전달합니다.

그러나, 이 방법을 가족에게 전달하기 위해서는 조건이 있습니다. 가족이 상담을 받을 상담 창구나 의료 기관에서 어떤 회복 프로그램을 실시하고 있지 않으면, 가족이 자신감을 가지고 정보제공을 할 수 없습니다. 프로그램을 실시한다는 전제 조건이 있어야만, 이기정상무를 실시하는 것이 효과적임을 기억해 주세요.

제 2 장

SAT-G의 기초지식

제 1 절 프로그램 개요

SAT-G는 전 5회의 세션과 별도의 앙코르 세션을 추가한 총 6회 세션으로 구성된 프로그램입니다. 매월 1회 진행되며, 전체 세션을 완료하는 데 약 반년이 소요됩니다.

프로그램 진행 시, 한 세션 당 소요 시간은 개별 상담으로 진행할 경우 약 1시간 정도가 소요되며, 집단으로 프로그램을 진행할 경우 대략 2시간 정도가 필요합니다. 프로그램의 실시 방법은 워크북 같이 읽기와 워크북의 과제에 참여하는 것입니다. 워크북에는 도박에서 벗어나기 위한 필수 지식이 포함되어 있어, 실행자가 전문성 여부와 관계없이 워크북을 통해 최소한의 지식과 대응 방법을 학습할 수 있습니다.

집단 프로그램을 실시할 경우, 프로그램 진행자와 진행 보조자 두 명의 스태프가 필요합니다. 직종에 제한은 없습니다.

제 2 절 SAT-G를 시작하기 전에 알아야 할 사항

중요하게 여기는 사고방식

① 첫 번째: 연결을 중시하기

저희는, 당사자와의 연결의 질을 중시합니다. 이는 우리가, 좋은 관계를 형성하려는 태도를 매우 중시한다는 것을 의미합니다. 이러한 사고방식은, 도박장애 지원에만 한정된 특별한 사고가 아니라, 정신 보건 복지 분야에서 매우 보편적인 사고입니다. 좋은 관계를 형성하기 위해 먼저 당사자의 고생을 위로하는 것부터 시작합시다. 당사자가 상담을 신청하는 배경에는 반드시 많은 고생이 있습니다. 먼저 그 고생에 대해 위로의 말을 전하며 지원가의 이해를 나타내는 태도가 중요합니다. 또한, 커피를 내어주거나 상담실에 꽃을 꾸며 당사자가 편안할 수 있는 공간을 조성하면서, 「상담에 와 주셔서 기쁩니다」, 「기다리고 있었습니다」 등의 말뿐만 아니라 시각적으로도 지원가의 마음을 전달하는 것을 유념해야 합니다.

도박장애자가 다시 도박을 시작하는 것은 증상 중 하나입니다. 그러므로 증상이 나타날 때마다 이를 안심하고 털어놓을 수 있는 존재가 필요합니다. 도박 재개는 실패가 아니라, 다음 재개 방지의 힌트를 찾는 「기회」라고 저희 지원가는 받아들이며, 재개를 털어놓았을 때 진심으로 그것을 칭찬하는 것이 좋은 관계 형성에 중요합니다. 또한, 관계 형성에서, 당사자 자신이 앞으로의 목표를 결정하는 것이 중요합니다. 도박을 그만둘 것인지, 통제해 나갈 것인지, 어떻게 해 나갈지는 당사자가 결정합니다. 저희는, 당사자가 결정한 것을 응원합니다. 이러한 입장이 관계 형성에 중요합니다. 절대로 당사자와 대립해서는 안 됩니다. 이러한 사항을 유념하면서 당사자와의 관계를 형성합니다. 피해야 할 것은 그 관계가 무너지고, 당사자가 지원에서 이탈하는 것입니다.

② 두 번째 : 당사자의 회복을 믿다

우리가 중요하게 여기는 두 번째 접근 방식은「당사자의 회복을 믿는다」는 것입니다. 누구든지 회복의 가능성이 있다고 생각합니다.

Slutske에 따르면「병적 도박 경험을 한 사람 중 상당수는 정식적인 치료 없이 최종적으로 회복한다[1]」, Hodgins 등에 따르면「평생 동안 문제 도박 또는 병적 도박을 경험한 사람의 약 1/3에서 1/2가 회복하고 있다고 시사한다」고 보고되었습니다. 즉, 도박장애는 회복 가능성이 있다는 것입니다. 초기 상담에서 자신의 도박 문제를 받아들이지 못하고 회복을 위한 행동을 선택하지 못했더라도, 그 후 삶에서 어떤 계기를 만나 자신의 도박 문제에 대해 인식하고 회복을 위해 행동할 가능성이 충분히 있습니다. 실제로, 처음 상담에서 프로그램 수강을 수락하지 못한 분들이 1년 후 다시 상담을 받고 그 후 프로그램을 수강하여 회복에 나선 경우도 있습니다. 따라서 초기 상담 단계에서「도박을 그만 둘 생각이 없다」거나「프로그램을 받지 않을 것」이라고 하더라도, 언젠가 자신의 도박 문제와 대면하고, 그 때, 우리의 상담 기관에 연락해 주시길 바라며, 지금으로서는 최선의 대응을 기울이는 것이 중요합니다.

만약 당사자가 상담 결과, 프로그램 수강에 대해 조금이라도 긍정적인 발언이 있다면, 적극적으로 프로그램에 초대해 보세요. 당사자에게는, 습관화된 도박 행동을 바꾸려는 것이 큰 에너지를 요구합니다. 일을 하고 있는 분이라면, 프로그램 참여를 위해 매달 한 번씩 휴가를 내야 할 필요도 있습니다. 과거의 여러 도박 실패 경험으로 인해「프로그램을 통해 나는 변할 수 있을까」라는 의심이 들 것입니다. 이 때, 지원가는 도박 중독 문제에 진지하게 대처하면 회복될 수 있음을 전하고, 주저하는 당사자의 등을 밀어주어야 합니다. 당사자가 프로그램을 받아들일 준비가 되어 있다면, 우리는 그 틈에 적극적으로 파고 들어, 프로그램으로 초대하는 태도가 필요합니다. 그리고 프로그램 수강을 시작한 경우, 탈락을 피하면서 최대한 수업을 이어가는 것이 좋습니다. SAT-G는 전 세션 완수까지 약 반 년 정도의 시간이 소요됩니다. 이 기간 동안 당사자의 마음은 동요할 수 있습니다.

때로는 프로그램을 다니기 귀찮다고 생각하거나, 도박을 다시 시작한 후 포기하려는 기분이 들 수도 있습니다. 프로그램을 빠진 사람에게는 가능한 한 빨리 전화로 상태 확인을 하고, 다음 방문을 기다리고 있다는 것을 전해주세요.

1) GSlutske,W.S., "Natural recovery and treatment-seeking in pathological gambling : Results of two U.S.national surveys", American Journal of Psychiatry, 163, 2006, 297-302.
2) GHodgins,D.C., Wynne,H., & Makarchuk,K., "Pathways to recovery from gambling problems: Follow-up from a general population survey", Journal of Gambling Studies, 15, 1999, 93-104.

대응의 기본

① 기본 1: 목표를 정하는 것은 당사자

다음은 앞서 언급한「중요한 접근 방식」을 기반으로 한 대응 시의 세 가지 기본 원칙입니다.

첫 번째는「목표는 당사자가 결정한다」는 것입니다. 도박을 그만두는 것을 목표로 할지, 통제하면서 진행할지는 당사자가 결정하고, 우리 지원가는 결정된 목표를 응원하는 것이 대응의 기본입니다. 예를 들어 당사자가「관리형 도박을 원하겠습니다」라고 말하면, 지원가가「아니, 도박을 그만두는 것이 좋습니다」라고 강요한다면 당사자와 지원가는 대립할 수 있습니다. 이와 같은 대립 후에는 지원에서의 탈락이 기다리게 됩니다. 결국 자신의 목표를 스스로 결정하는 것은 당연한 일입니다. 자신이 결정한 것이기 때문에 결정 후 일어날 일을 자신의 일로 받아들입니다. 타인에게 강요받은 것에 대해 사람들은 노력할 수 없으며, 그 결과로 일어난 것에 책임을 지지 않습니다. 따라서 먼저 당사자가 결정한 목표를 응원하면서 관련되어야 합니다. 관련 과정에서 당사자가 자신에게 가장 잘 맞는 목표가 무엇인지를 고려하고 필요하면 목표를 업데이트할 수 있습니다. 지원가는 당사자가「앞으로 어떻게 해 나갈지」를 고려하는 과정에서 동반자적인 관점이 필요합니다.

확실히, 도박장애 지원의 원칙은 도박을 그만두는 것일 수 있습니다. 그러나 누구나 상담 초기 단계에서부터 도박을 결정할 수 있는 것은 아닙니다. 오히려 도박장애가 있음에도 불구하고, 도박을 결심하지 못한 사람들이 더 많을 수도 있습니다.「도박을 그만 두겠다」고 결정한 사람들에게만 접근하는 방식보다는 먼저 지원에서의 탈락을 막고, 관련된 과정에서 당사자가 천천히 자신의 진로를 고민하고, 자신에게 맞는 최상의 방향을 선택하는 것이 중요합니다. 그러므로 당사자가 절 도박을 선택한다면, 먼저 그것을 응원해야 합니다.

그러나 SAT-G 수강자 대부분은 도박을 선택합니다. 첫 번째 세션에서 목표를 설정하지만, 수강자의 95%가 도박을 선택하고 있습니다**[도표 2-1 참조]**. 첫 번째 세션에서는 목표를 결정하기 전 단계에서, 이제까지의 도박과 앞으로의 도박에 대해 신중히 생각할 기회를 제공하고 있습니다. 당사자가 목표를 결정하도록 하는 것이 대응의 기본입니다만, 지원가는 도박을 선택할 수 있도록 전략을 가지고 관련될 필요가 있습니다.

도표 2-1 프로그램 시작 시의 목표

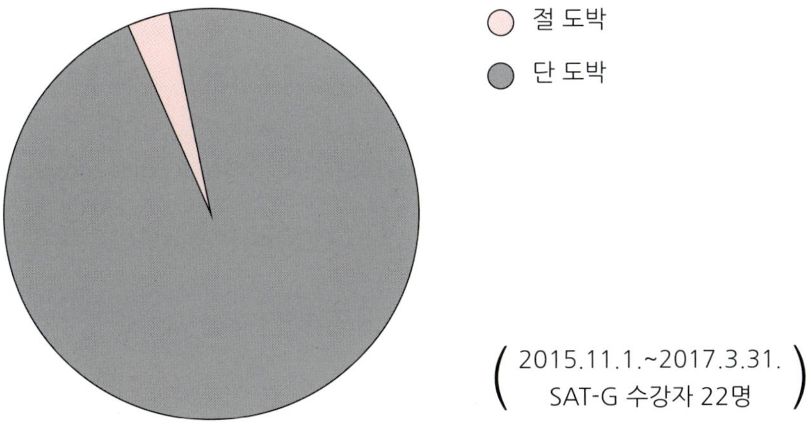

우선은 지원으로부터 탈락을 방지하는 것

도박장애 지원의 원칙은 단 도박이지만, 이는 허들이 높아 탈락할 가능성이 크다. 당사자가 받아들일 수 있는 허들을 찾아 지원으로부터 탈락을 방지하는 것이 중요하다
(당사자가 절도박을 선택하면 그것을 응원한다)

② 기본 2: 그만두고 싶은 마음도 가지고 있다는 것을 이해한다

도박장애가 있는 분들 뿐만 아니라 우리는 종종 한 가지에 대해 상반된 두 가지 감정이나 생각을 가질 수 있습니다. 예를 들어 「사랑스럽지만 미워」, 「기쁘지만 슬퍼」, 「만나고 싶지만 만나고 싶지 않아」, 「도전하고 싶지만, 실패가 두려워」 등입니다. 마찬가지로 도박장애가 있는 분들도 「도박을 그만두고 싶지만, 계속하고 싶다(또는 계속해야 한다)」는 두 가지 마음을 가지고 있습니다. 이는 모두 거짓이 아닙니다. 상담 상황에서 「절대적으로 도박을 그만두기로 결심해서 여기에 왔습니다」라고 말씀하시는 분도 내면에서 「도박을 하고 싶다」는 마음을 가지고 있을 수 있습니다.

반대로 말하면, 「도박을 그만둘 생각은 없다」 라고 말씀하시는 분도, 마음 어딘가에서는 「그만할 수 있다면, 그만하고 싶다(그만두는 것이 좋다)」 라고생각하고 있습니다. 오히려 양쪽의 기분이 시소처럼 흔들리고, 그것에 괴로워하고 있는 것입니다. 이 흔들림은 프로그램 수강 중에도, 프로그램 수료 후에도 크든 작든 발생합니다. 중요한 것은 기분이 흔들렸을 때 그 기분을 말할 수 있는 누군가가 가까이 있다는 것입니다. 그렇다면 눈앞의 당사자가 「도박을 그만둘 생각이 없다」고 했더라도 그 이면에는 「그만두고 싶은 마음도 갖고 있다」고 받아들이고 「솔직한 마음을 얘기해 주셔서 감사합니다. 여기는, 자신의 기분을 솔직하게 이야기해도 좋은 장소입니다」라고 전하면서, 상대방의 기분을 차분히 듣는 것이 중요합니다.

③ 기본 3: 긍정적인 변화를 향한 언행에 주목하기

세 번째 기본은 긍정적인 변화를 향한 언행에 주목하는 것 입니다. 우리 지원가들에게 있어서 당사자를 만났을 때, 도박으로 인한 빚이 있다, 도박을 하기 위해 거짓말을 한다, 가족관계가 꼬이고 있다, 직장 내에서 돈 문제가 생기고 있다. 도박으로 인해 어떤 문제가 생기고 있는가 하는 정보(문제의 깊이 있는 이야기)는, 도박에 빠져드는 상황을 파악하는 데 중요한 정보입니다**[도표 2-2]**.

한편 그들이 이 도박 문제에 어떻게 맞서 왔는지, 또 현재 어떻게 대처하고 있는지 하는 「문제에 대항하는 스토리」 도 중요한 정보가 됩니다**[도표 2-3]**.

예를 들어,「돈 관리를 가족에게 부탁하고 있다」라든가, 「내소 시에는 2주간 도박을 중단하고 있다」, 「스스로 중독에 대해 인터넷으로 알아봤다」등은 도박 문제에 대처해 온 정보(문제에 맞서는 스토리)입니다. 적어도 「상담하러 왔다」는 사실도 대처의 하나라고 할 수 있습니다.

만약, 당사자가 도박의 문제에 대해 대처하고 있다는 것을 알게 되면, 꼭 당사자에게 그 이유를 질문해 보시기 바랍니다. 내소 전에 도박을 2주간 그만두고 온 분이라면 「도박을 2주나 그만두는 것은 힘들었죠. 왜 도박을 그만두려고 했습니까?」 라고, 아니면 상담을 위해 일부러 방문했다는 대처에

도표 2-2 문제가 스며든 스토리

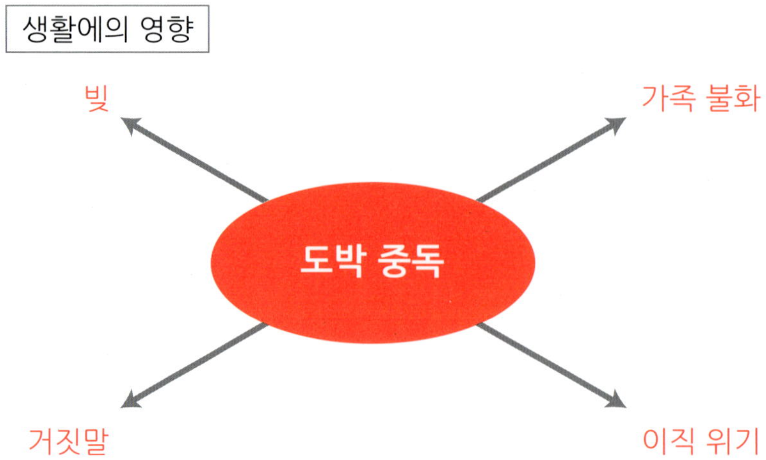

도표 2-3 문제에 대항하는 스토리

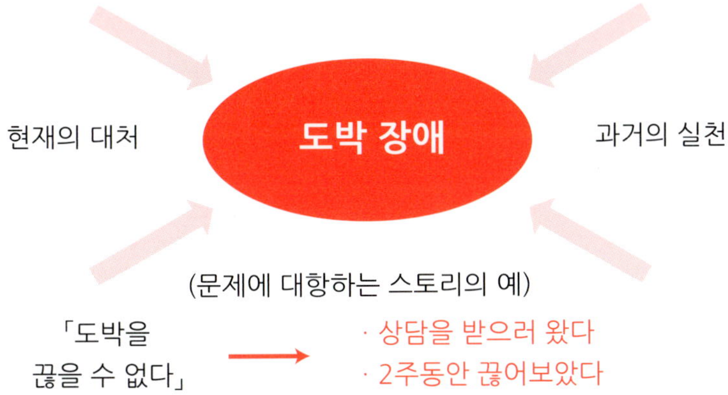

초점을 맞춘다면, 「여기로 상담 받으러 오기까지 다양한 갈등과 혼란이 있었을 것이라고 생각합니다. 어떤 이유 때문에 결심하셨나요?」와 같은 질문을 통해 그 질문에 대한 답변 속에서, 당사자의 회복 동기를 높이는 단서가 포함되어 있을 수 있습니다.

예를 들어 「아내에게 빚이 발각 되었고, 다시 도박을 하면 이혼한다고 했다」는 답변에서는 「아내와 헤어지고 싶지 않다. 그래서 도박을 그만두어야 한다」는 동기가 포함되어 있습니다. 또는 「자녀가 태어나서 이대로는 안된다고 생각했기 때문에」라는 결심의 이유 속에서는 「자녀에게 슬픔을 주고 싶지 않다」는 마음에서 「도박을 그만두고 싶다」는 희망이 엿보입니다.

이러한 방식으로 도박 문제에 대처하려는 행동의 이유를 확인하는 질문은 「그만두고 싶다」거나 「그만두는 것이 좋다」, 「그만두지 않으면 안 된다」 등의 변화를 암시하는 답변이 돌아올 수 있습니다. 이 변화를 암시하는 답변이 바로 동기의 씨앗입니다. 당사자 자신이 그 동기의 씨앗에 대해 인식하지 못할 수도 있으므로, 「당신은 가족을 소중히 여기시는군요. 그래서 도박 문제를 해결하려고 하신 건가요?」와 같은 피드백을 통해 인터뷰 중에 동기의 씨앗을 키워 나가는 것이 중요합니다. 이렇게 하면 당사자도 도박 문제를 개선하고자 하는 동기가 높아질 수 있습니다. 첫 상담에서 이러한 측면에 집중하면서 질문과 피드백을 해보세요.

④ 대응 사례

그럼 구체적인 대응 사례를 살펴보겠습니다. 아내의 권유로 망설이며 일을 쉬고 혼자 상담소에 찾아온 A씨의 사례입니다. A씨는 처음부터 기분 나쁜듯한 표정을 지었습니다. 상담자가 「오늘은 어떤 문제로 상담에 오셨습니까?」라고 물었을 때 A씨는 「도박 문제 때문에 아내가 여기 가라고 했기 때문에 왔다. 왜 여기에 와야 하는지 모르겠다」고 말했습니다. 이제 방금 언급한 「문제에 대응하는 스토리」를 적용해 보겠습니다.

~대응 사례~

· 초기 면담의 상황
· 초반에는 팔짱을 끼고, 표정이 굳어 있다.

상담원:

· 오늘 어떤 문제로 상담하러 오셨나요?

A씨:

· 도박문제 때문에 아내가 여기 가보라고 해서 왔어요. 나는 왜 여기 와야하는지 잘 모르겠어요.

상담원:

· 일부러 일을 쉬고 여기까지 오시는 건 힘드셨을 텐데, 아내의 상담 받아줘 라는 요구에 응한 것은 어떤 마음에서였나요?

A씨

· 빚이 있는 지금의 상황이 좋지 않다고 생각해서요 하지만 도박을 그만두고 싶지는 않아요.

상담원

· 도박을 그만두는 것과는 별개로, 빚이 있는 상황은 어떻게든 해결하고 싶다는 거네요. 그래서 도박을 즐기는 방식을 바꿔야겠다고 생각하신 건가요?

A씨는 아내의「상담에 가기를 바란다」는 바람에 응하고,「일을 쉬고 상담에 왔다」는 부분은 문제에 대응하는 스토리라고 볼 수 있습니다. 따라서 상담자는「일부러 일을 쉬고까지 여기에 오는 것은 어려웠을 것 같습니다. 부인의 '상담에 가기를 바란다'는 요청에 어떤 마음에서 응했습니까?」라고 다시 물어보았습니다. 이에 A씨는「빚이 있어서 현재 상황은 좋지 않다고 생각했기 때문이다. 하지만 도박을 그만둘 생각은 없다」고 답했습니다. 다시「문제에 대항하는 스토리」를 적용해 보면,「빚이 있음은 좋지 않다는 것을 인정하고 있다」는 부분은 문제에 대항하는 스토리입니다. 따라서 상담자는「도박을 그만두느냐 아니냐는 별개로, 빚이 있는 상황을 해결하고자 한다는 마음이네요. 그러기 위해 도박의 즐기는 방식을 개선하는 것이 좋다고 생각했나요?」라고 다시 물었습니다. 이러한 대화를 거친 결과, A씨는 프로그램을 받기로 결정했습니다. 이 사례처럼, 당사자가 도박 문제에 대처하고 있는 부분이나 문제를 일부 인정하는 행동 등「문제에 대항하는 스토리」를 발견하면, 그 이유를 물어보면 당사자의 답변에서 도박 문제 회복을 위한 동기의 씨앗을 발견할 수 있고, 이 발견이 동기 부여의 돌파구가 될 수 있습니다.

이 절의 마지막에는 도박장애에서의 빚 문제에 대한 지원가로서의 인식에 대해, 대응의 기본적인 점 3에서 언급한「긍정적인 변화의 언행에 집중하는」 포인트를 따라 설명하겠습니다. 빚이 있다는 것도 사실 당사자에게는「문제 해결을 시도한 결과」라는 관점에서 볼 수 있습니다.

~대응 사례~

· 당사자에게는「빚」도 문제를 해결하려고 시도한 결과인 경우가 많다.
· 우선, 변화의 조짐이 보이는 말이나 행동을 놓치지 말고, 신중하게 다루고 되물어 봅시다.
· 그리고 상대방을 인정함으로써 관계를 구축해 나갑시다.

예를 들어, 도박의 빚이 3천만원이고, 이대로면 자식의 대학 진학을 포기해야 할 상황이었을 때, 이 문제를 해결하려고 더 1천만원을 빌려서 경마에서 4배의 비율로 베팅한 결과, 패배하여 빚이 4천만원으로 늘어난 사례라면, 도박으로 빚을 청산하려는 수단은 리스크가 높고 올바른 선택은 아니었지만, 당사자의「문제를 해결하려는」마음은「문제에 대항하는 스토리」로 볼 수 있습니다. 여기에 주목하고,「문제를 해결하고자 했던」마음을 수용하는 것부터 시작하는 것이 포인트입니다. 면접 상황에서는「4천만원의 빚이 있습니다. 이 빚 또한 당신이 도박 문제를 어떻게든 해결하려고 한 결과이며, 여기까지 고생한 증거라고 생각합니다」고 지원자 측의 이해를 말하는 것이 중요합니다. 그러므로, 먼저 변화를 암시하는 말이나 행동을 놓치지 않고 세밀하게 취급하며, 듣고 돌려주고, 또 당사자의 노력도 인정하면서, 그 상호 작용에서, 반드시 관계성 구축을 위해 노력해 주세요.

제 3 절 SAT-G의 재발 모델

재발 모델이란

SAT-G에서는 도박을 잠깐 그만두었다가 다시 시작해버리는 과정을「재발 모델」이라고 부릅니다.

전문 기관이나 자조 그룹에 연결되어 도박 중독을 극복했지만, 어떤 계기와 마주하게 되면 다시 도박을 하고 싶은 욕구가 솟습니다. 이 욕구가 솟을 때, 구체적으로는「파친코집 앞을 왔다갔다 한다」,「스마트폰으로 도박 관련 영상을 보거나 경마 경주 정보를 찾는다」,「도박에 쓸 돈을 마련하려고 한다」와 같은 도박중독 장애 특유의 사고와 행동이 변화합니다. 이러한 자기 변화에 대처하는 것으로 욕구를 끊고, 도박을 계속 그만두게 할 수 있습니다. 그러나 자기 욕구에 이기지 못하고 방치해

도표 2-4 SAT-G의 재발 모델

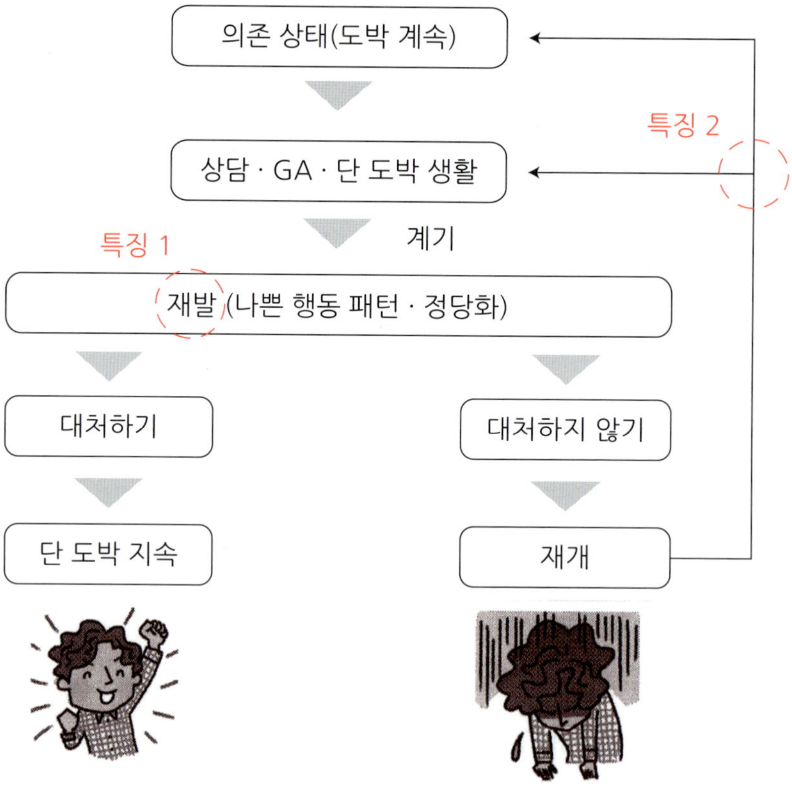

물질 사용 장애 치료 프로그램 SMARPP-16 제12회 '재발을 막으려면'에서 발췌하여 수정

둘 경우, 점점 도박에 대한 욕구가 억제할 수 없을 정도로 크게 자라면 결국 도박을 다시 시작하게 됩니다. SAT-G에서는 이 욕구가 솟아 있는 상태를 도박 중독의 증상이 다시 악화하고 있는 「재발」이라고 부릅니다.

재발 모델의 특징

SAT-G의 재발 모델의 한 가지 특징은 「도박을 다시 시작하기 전에 질병이 재발하고 있다」고 생각한다는 점입니다. SAT-G는 이 재발 모델을 따라 도박 재개 전에 일어나는 「재발」에 집중하고, 초기에 「재발」을 인지하고 빨리 대응하는 것을 프로그램에서 배웁니다. 「재발」이 도박 재개 전에 일어나는지, 재개 후에 일어나는지에 따라 접근 방식이 크게 달라집니다. 도박을 재개한 후에 강하게 빠진 상태를 「재발」로 여긴다면, 이를 회복(recovery)하는 것은 매우 어려운 문제가 될 것입니다. 그에 비해, 도박 재개 전에 일어나는 「도박을 하고 싶다」는 생각, 즉 재개의 조짐에 집중하고, 빨리 인식하고, 대응한다면, 나쁜 흐름을 끊는 데 적은 에너지를 들일 수 있습니다.

SAT-G의 재발 모델의 두 번째 특징은 「도박을 재개했을 때」에도 초점을 맞추고 있다는 점입니다. 도박을 재개했을 때 크게 두 가지 갈림길이 있습니다. 회복을 위한 노력을 포기하고 「원래의 의존 상태로 돌아가기」인지, 포기하지 않고 「재정비를 하려는」것인지 입니다. 이 갈림길을 어느 쪽으로 가느냐는 도박을 재개한 사람이 그것을 어떻게 받아들이는가에 크게 영향을 받습니다. 예를 들어,

SAT-G나 자조 그룹에 다니며 1년 동안 도박을 그만둔 사람이 도박을 다시 시작했다고 가정해봅시다. 이 재개를 「1년 동안 잘해왔는데 또 해버렸네. 지금까지의 노력이 다 물거품이구나」라고 자신을 책망하고 포기한다면, 다시 이전의 의존 상태로 돌아가게 될 것입니다.

그러나 도박 재개를 「단 한 번 도박을 한 것 뿐이다. 1년간의 노력은 헛되지 않았다」고 받아들일 수 있다면, 「다시 SAT-G나 자조 그룹에 참여한다」거나 「신뢰할 수 있는 사람에게 상담한다」와 같은 대처 방법을 취할 수 있습니다. 그리고 다시 도박에서 거리를 두는 삶으로 돌아갈 수 있을 것입니다. 따라서 진정한 승부는 도박을 다시 시작했을 때라고 말할 수 있습니다. 「도박을 다시 시작했을 때 그것을 어떻게 받아들이는가」에 대해서는 SAT-G의 제5회 세션에서 다루고 있습니다.

[도표 2-5]는 단 도박에서 도박 재개에 이르는 과정을 설명하는 도표입니다. 어떤 계기(예: 보너스)를 만나면, 도박에 대한 작은 욕구가 솟아올라옵니다. 욕구가 솟으면 도박과 관련된 정보를 조사하거나, 도박을 하기 위한 자금을 마련하려는 방법을 고민하거나, 도박을 정당화하려는 경향이 생깁니다. 이런 식으로 도박에 대해 생각하는 상태를 SAT-G에서는 「재발」이라고 합니다. 이 재발에 신경쓰지 않고 방치해 둘 경우, 작은 욕구는 큰 욕구(갈망)가 되어 결국 이 갈망에 견딜 수 없게 되어 도박을 다시 시작하게 되는 과정을 보여줍니다.

대처법

이어서, 도박재개로 가는 흐름을 차단하는 대처로서, SAT-G에서는 대개 3가지를 배우게 됩니다.

첫 번째는 「계기를 특정하여 피하거나, 계기를 능숙히 다룬다」이다. 구체적으로, 돈이 계기가 되면, 「가족에게 관리를 맡긴다」, 「지참금을 제한한다」, 「돈은 전자머니로 사용한다」와 같은 대처입니다.

도표 2-5 SAT-G 지원모델

두 번째는, 도박을 생각한다는 「재발 싸인을 빨리 깨닫기」입니다. 재발했을 때 자기 자신에게 어떤 싸인이 발생하는지 배우게 됩니다. 재발 싸인을 빨리 인식하면 그에 따른 대응이 쉬워집니다.

셋째는, 재발 싸인을 알아차렸을 때 「도박에 대한 사고를 끊어내는」 대응입니다. SAT-G에서는, 워크북을 통해, 이 세 가지 대응에 대해 체계적으로 학습할 수 있습니다.

필요한 지식은 워크북에 기재되어 있어서, 지원가는 해당자와 함께 워크북의 내용을 읽고, 과제를 수행함으로써, 최소한의 품질이 보장된 지원을 할 수 있습니다.

column

정보 발신 (홍보)의 포인트

초기에는 인터넷을 이용하여 적극적으로 홍보하는 것이 좋습니다. 도박 문제로 고민하는 사람들이나 그 가족들은 대개 「도박장애」나 관련된 상담처를 인터넷에서 먼저 검색합니다. 저희 센터로 상담이 이어지는 경우 대부분은 인터넷을 통해 센터의 웹사이트를 방문하고 정보를 확인한 후 전화를 걸어오기 때문에, 웹사이트에서의 정보 전달은 도박 문제로 고민하는 분들에게 필수적인 도구입니다.

웹사이트에 정보를 게재할 때 주의할 점은 독자가 어떻게 이해할지를 의식하여 작성하는 것입니다. 도박장애의 특성을 설명할 때 「도박장애는 뇌의 기능 이상이 있어」 또는 「부인의 병」, 「도박을 중단하지 않으면 안 된다」, 「범죄를 저지르기도 한다」 등 독자의 불안을 증폭시키는 내용만을 제공한다면, 독자는 행동을 바꾸려고 생각하지 않습니다. 오히려 「나는 범죄를 저지르지 않았으니 괜찮다」라고 생각할 수 있어, 역으로 부인의 강화로 이어질 수 있습니다.

웹사이트에 정보를 게재할 때는 누구에게 무엇을 전달하고, 독자에게 어떤 반응을 기대하는지, 작성 측의 목적이 명확해야 합니다. 저희가 웹사이트를 통해 추구하는 것은 도박 문제로 고민하는 분들이 게시된 내용을 읽고 도박 문제에 대한 인식을 높이고, 상담 행동을 취하려는 마음을 갖게 하는 것입니다. 이 목표를 달성하기 위해 도박에 문제가 생기면 어떤 일이 일어나는지를 구체적으로 기술합니다. 예를 들어 「도박에서 진 것을 도박으로 되찾으려 한다」 또는 「빚을 갚기 위해 다시 도박을하게 된다」와 같은 것입니다. 만약 이러한 행동이 나타나면, 「반드시 여기에 상담을 요청하십시오. 당신의 전화를 기다리고 있습니다」라고 독자에게 웹사이트에서 권유합니다.

이 권유와 함께, 저희가 무엇을 하고 있는지를 웹사이트에서 공지합니다. 예를 들어 「우리 센터에서는 SAT-G라는 지원 프로그램을 운영하고 있습니다」, 「매월 네 번째 수요일에 진행됩니다」, 「프로그램은 총 5회로 구성되어 있습니다」, 「수강을 위해 먼저 예비 상담을 받으셔야 합니다」 등의 구체적인 사항을 게시합니다. 이와 같은 권유와 구체적인 지원 방법을 게재하면 도박 문제로 고민하는 사람들이 스스로 전화를 걸어오는 경우가 더 많아집니다. 일부 사람들은 처음부터 「프로그램을 받고 싶다」고 결심하고 전화를 걸어주기도 합니다.

<홈페이지에서의 연구 사례>

> 당신에게: 이런 생각을 해보신 적이 있으신가요?
> ·도박 등의 손실을, 도박 등으로 회복하려고 생각하는 것
> ·빚을 갚기 위해서는 도박 등을 해야만 한다고 생각하는 것
> ·도박 등을 할 때만, 불쾌한 일을 잊을 수 있다고 생각하는 것
>
> 누구에게도 상담하지 못하고, 고민하고 있지 않으신가요?
>
> 도박 등의 의존증은 적절한 지원을 받으면 회복 가능합니다. ○○동 정신건강 복지 센터에서는, 도박 등 의존증에 대한 방문 상담을 받고 있습니다. 당신의 전화를 기다리고 있습니다.
>
> **○○동 정신건강복지센터 전문 상담　　전화번호: 000-0000-000**

다른 기관과의 연계

프로그램을 실시하는데 있어서는, 다른 기관과의 제휴도 중요합니다. 지역에는 도박 문제로 어려움을 겪고 있는 분들과 관련된 관계 기관이 많이 있습니다. 이 센터에서는 최근, 보호 관찰소로부터 소개를 받는 경우가 증가하고 있습니다. 보호관찰 대상자 중, 범죄의 배경에 도박에 빠져드는 것이 관여하고 있던 분을 보호관찰소가 리서치하여 정신보건복지센터의 프로그램으로 연결해 주시는 것입니다. 또, 생활이 곤궁해지는 원인에 도박에의 빠져드는 것이 관련되고 있는 케이스의 소개를 받기도 합니다. 이 밖에, 정신과 의료기관에서는, 조현병이나 우울증 등 도박장애와는 다른 병명으로 치료되고 있는 분의 치료 경과 속에서 도박 문제가 발생하고 있는 환자가 있어 정신보건복지센터에 소개되는 경우도 있습니다. 즉, 정신보건복지 센터 이외에도 지역의 다양한 관계 기관에서는, 이미 도박에 빠져드는 문제로 관련된 경우가 있습니다. 따라서 SAT-G를 시작하는 경우는 이들 관계기관에도 프로그램을 실시한다는 취지를 주지시키고, 적극적으로 제휴를 도모해 나가는 것이 좋습니다. 그렇게 함으로써 도박의 문제로 어려움을 겪고 있는 분이 프로그램 실시 기관에 연결되기 쉬워집니다.

<지원 필요(needs)가 예상되는 주요 기관>

> · 보호관찰소
> · 생활 곤란자 자립 상담 지원 기관
> · 사회 복지 협의회
> · 시군구 복지 사무소 (생활 보호)
> · 도 및 시군구 소비 생활 상담 창구
> · 변호사 사무소, 법무사 사무소
> · 법원
> · 정신과 의료 기관
> · 보건소

제 3 장

SAT-G의 사용법

제 1 절 접수 면접(인테이크) ~세션을 시작하기 전에~

SAT-G는 앙코르 세션을 포함하여 총 6회의 세션으로 구성된 프로그램입니다. 프로그램을 시작하기 전에 접수 면접(인테이크)을 진행합니다.

접수 면접(인테이크)

접수 면접

- 지금까지의 경과 확인
- 평가
- SAT-G 소개

POINT

- 당사자의 변화를 암시하는 언행에 주목하고, 피드백을 제공한다.
- 프로그램을 원하지 않는 경우, 최소한 정보 제공을 한다.

먼저, 첫 번째 접수 면접(인테이크)의 주요 사항에 대해 설명하겠습니다. 접수 면접에서는, 지금까지의 경과를 확인하면서 도박장애에 대한 평가를 실시합니다(**[도표 3-1]** 참조).

접수 면접의 핵심 포인트는, 당사자가 도박 문제에 대해 어떻게 대처해 왔는지에 주목하고, 그 사람만의 대처 방법을 알아차렸을 때, 그 노력을 인정하며, 「왜 그런 대처를 하려고 생각했는지」에 대해 되묻는 것입니다. 이를 통해 당사자의 회복에 대한 동기 부여를 도모하는 것입니다. 면접 결과, 프로그램을 추천했지만, 프로그램 참여를 원하지 않는 경우, 당사자가 어려움을 겪을 때 즉시 상담할 수 있도록, 도박장애에 대한 계몽 리플릿을 제공합니다.

도표 3-1 평가

- ☑ 가족 상황
- ☑ 유년기 상황
- ☑ 학업 및 취업 상황
- ☑ 다른 장애의 유무(통원 상황 포함)
- ☑ 도박의 종류
- ☑ 도박 시작 연령
- ☑ 빚(현재 금액, 총액)
- ☑ 자살 생각 및 시도
- ☑ 실종

상담 기관 목록, 참고 도서 등을 제공하면서, 언제든지 상담해 주시기를 당사자에게 전달하여, 당사자와의 관계가 깨지지 않도록 유의합시다.

초기 접수 면접에서는, 도박의 현황이나 그동안의 생활력에 대해 당사자의 이야기를 들으면서, 도박장애에 대한 평가를 하고, 향후 회복에 필요한 정보 정리를 합니다. 또한, 접수 면접에서는 필요한 정보를 청취하면서 평가를 하는 것이 중요하지만, 그것에 너무 집중한 나머지, 눈앞에 있는 당사자가 상담에서 무엇을 원하는지를 보지 못하는 경우가 있으므로 주의가 필요합니다. 따라서, 당사자가 상담 기관에 무엇을 바라며 상담을 왔는지를 우선 확인하면서, 상담 중에 필요한 정보를 얻고, 평가를 진행하는 것이 요구됩니다. 그 때문에, 접수 면접은 비교적 시간이 소요됩니다. 저희는 접수 면접에 평균 약 90분 정도 소요됩니다.

도박장애의 평가에서는, DSM-5의 진단 기준을 염두에 두고, 최근 1년간의 도박 상태와 도박을 시작한 이후 현재까지의 경과를 청취하고 있습니다(DSM-5의 진단 기준에 대해서는 8페이지를 참조). 도박장애의 평가에서, 주목해야 할 점은「빚이 있는지 또는 경제적 파탄이 있는지」라는 것입니다. 왜냐하면, 현재 도박으로 인한 빚이나 경제적 파탄이 있는지 여부는, DSM-5의 진단 기준의 9항목 중 대부분과 관련된 문제이기 때문입니다. 예를 들어, 도박으로 빚이 있는 경우에는, 많은 경우「내성: 더 위험성이 높은 비율의 도박을 한다」,「거짓말: 가족에게 발각될 때까지 빚을 숨긴다」,「컨트롤 장애: 도박을 줄이거나 그만두기로 결심하고, 가족과 약속했지만, 성공하지 못했다」,「추적: 잃은 돈을 되찾기 위해 도박을 더 한다」,「가정 및 사회적 문제: 도박으로 인해, 가족 관계나 직장에 문제가 발생한다」 등이 발생하기 때문입니다. 또한, 이러한 문제들이 발생하고 있기에, 상담하러 올 것입니다. 따라서「상담에 오다」+「빚이 있거나 경제적 파탄이 있다」는 것은, 도박장애의 가능성이 강하게 의심되는 상태라고 할 수 있는 것입니다.

또한, 생활보호나 장애 연금이 주 수입인 사람의 경우, 빚은 없지만 생활보호비나 장애 연금을 단기간에 다 써버리는 등의「경제적 파탄」의 형태로 표면화되는 경우가 많습니다. 따라서「빚이 없다」고 해서 문제가 없는 것은 아니므로, 주의가 필요합니다.

상담을 받으러 오시는 분들 중 많은 분들은, 도박으로 인한 빚 문제를 처음 겪는 것이 아니라, 대부분 두 번 이상 경험한 분들입니다. 또한, 도박에 대한 의존으로 인해 빚을 갚느라 쫓기거나, 가정과 직장에서 다양한 문제들이 발생하여, 당사자에게 큰 심리적 부담이 생깁니다. 도박장애로 인해 우울증 상태가 되는 분들이나, 원래 우울증이나 조현병 등 정신질환으로 치료를 받고 있던 분들이 병세가 악화되어 우울증 상태가 되는 경우도 있으며, 자살의 위험이 높아지는 분들도 있습니다. 면접 중에 자살의 위험이 높다고 판단되는 경우에는, 정신과 의료기관과 협력하여, 우울증 증상에 대한 치료도 병행하는 것이 중요합니다. 현재 각 도도부현(지방 행정 구역)에서는 도박장애에 대응할 수 있는 정신과 의료기관으로「도박 등 의존증 전문 의료기관」이 지정되어 있습니다. 도박 등 중독증 전문 의료기관에 대해서는,「의존증 대책 전국 센터」의 홈페이지(125페이지 참조)에서 검색할 수 있으므로, 사전에 주변의 전문 의료기관 정보를 조사해 두는 것을 권장합니다.

도도부현에 따라서는 도박 중독 등 전문 의료 기관이 아직 지정되지 않은 경우도 있고, 지정되어 있더라도 환자가 거주하는 근처에 없을 수 있습니다. 이런 경우에는「구리하마 의료 센터」의 홈페이지에서 링크된 「알코올 건강 장애, 약물 의존, 도박 의존 등 의존증 전국 의료 기관/회복 시설 리스트」(https://list.kurihama-med.jp)를 이용하는 것이 좋습니다.

평가의 포인트

다음은, 도박장애 유형에 대한 평가입니다. 제1장에서 설명한 바와 같이, 도박장애는 주로 다음 세 가지 유형으로 나뉩니다. 유형 I 「단순 중독 유형」, 유형 II 「다른 정신장애 선행 유형」, 그리고 유형 III 「성격 등의 문제 유형」(**[도표 3-2]** 참조). 이 평가를 진행하는 과정에서는, 출생 이후 현재까지의 경과를 세심하게 듣는 것이 필요합니다. 도박 문제가 발생하기 전의 상황, 학교나 직장 상황, 그리고 도박장애 이외의 치료 상황 등을 들으며, 유형 I부터 III 중 어느 유형에 해당하는지 평가하고, 지원 제안을 검토합니다.

만약 유형 I에 해당한다면, 우리는 SAT-G를 권장합니다.

유형 II의 경우, 도박장애 외에도 정신과에서 치료를 받고 있는 경우, 지원 방향이 두 가지로 나뉩니다. 정신과를 방문하면서도, 주간에 일을 하며 비교적 자립도가 높은 경우에는 SAT-G를 제안합니다. 정신과를 방문하면서, 주간에는 데이케어나 복지 관련 기관 등에서 의료 복지 지원을 받고 있는 경우에는, SAT-G 라이트(제5장 참조)를 제안합니다. 또한, 타입 II의 경우, 프로그램 실행뿐만 아니라, 치료 중인 증상의 안정화와 주간 생활 방법에 대한 환경 조정도 회복에 중요하므로, 방문하는 의료 기관 및 지역 복지 기관과의 협력이 필요합니다.

유형 III의 경우, 지역 사회 복지 기관과 협력하면서 SAT-G 라이트를 시행합니다. 진단이나 판정을 받지 않았더라도, 지금까지의 경험에서 유형 III이 강하게 의심된다면, 유형 III으로 대응하는 것을 권장합니다. 또한, 앞으로의 환경 조정이 필요한 경우, 도박장애 전문 의료 기관과 협력하여, 도박장애의 배경에 있는 문제를 평가해 나갈 수도 있습니다.

유형 I부터 III까지 공통적으로 추진하는 대응으로서, 환자가 수용 가능하다면 적극적으로 지역의 자조 모임도 안내합니다. SAT-G 프로그램은 도박을 그만두는 방법에 대한 이해를 증진하는 데 강점을 가지고 있지만, 자조 그룹은 동일한 경험을 한 동료들과 함께 공유하면서 자신의 도박 문제에 대한 깊은 이해를 증진시키는 데 강점이 있으며, 이러한 강점을 바탕으로 회복을 목표로 합니다.

도표 3-2 도박장애의 타입별로 SAT-G의 활용 방법

유형	활용 패턴
타입 I	SAT-G
타입 II	SAT-G + 의료연계
	SAT-G 라이트 +의료 · 복지관계기관 연계
타입 III	SAT-G 라이트 + 복지관계기관 연계

[도표 3-3]은 수용 면접에서 사용하는 설문지로, 면접 전에 환자가 작성합니다. 이 설문지를 통해 도박 현재 상황, 부채 상황, 최종 학력, 결혼 이력, 자살 위험 등 최소한으로 필요한 정보를 얻을 수 있습니다.

도표 3-3 문진표

문진표

현재까지의 경과 등의 정보를 적절히 파악하고, 앞으로의 계획을 함께 고민해보기 위해 이 질문을 준비했습니다. 작성 가능한 범위 내에서 기재해 주세요.

이름 (   )   나이 (   ) 세

해당하는 것에 O을 표시하고, (   )에 필요한 사항을 기재해 주세요.

1) 현재 상황에 대해 질문 드립니다.

① 주로 하는 도박

(   )   예: 인터넷바카라, 토토, 카지노, 주식 등

② 최근 1개월간의 도박 상황

- 도박 빈도　단도박 중

　월 (   )회 또는 주 (1 · 2 · 3 · 4 · 5 · 6 · 7)회

- 한 번의 도박에 소요된 시간: (   ) 시간
- 한 달 동안 소비한 도박 금액: (   ) 만 (   ) 천 원

③ 현재 부채 (가족 또는 친인척에서 빌린 돈은 포함하지 않음)

있음 (   ) 만 원 · 없음

④ 정신과 또는 내과에서 진단을 받은 경험이 있는지 (의존증 이외의 진단도 포함)

있음 (질병명:) · 없음

⑤ 정신과나 내과 이외의 병원에서 현재 치료를 받고 있는지

있음 (기관명: 질병명:) · 없음

2) 이전 사항에 대해 질문 드립니다.

① 출생부터 최종 학력까지의 성장 과정에서 주목할 만한 사항 (중대한 질병, 사고 유무 등)

있음 · 없음

② 대인 관계 (따돌림, 등교거부 등)에서 고생한 경험

자주 있었음 · 약간 있었음 · 없음

③ 최종 학력
중학교 · 고등학교 · 고교 중퇴 · 대학교 · 대학 중퇴 · 대학원

④ 가정 상황
기혼 · 미혼 · 이혼 경력 있음

⑤ 직업 상황
재직 중 · 실직

⑥ 도박과 관련하여 직장을 그만둔 경험이 있는지
있음 · 없음

⑦ 처음 도박을 한 시기와 종목
(시기: 종목:) 예: ○년 전, ○세 때, 대학 ○학년 때 등

⑧ 도박으로 인해 부채를 진 시기
( ) 예: ○년 전, ○세 때, 대학 ○학년 때 등

⑨ 지금까지의 총 부채 금액 (가족이 대신 갚은 부채는 포함하지 않음)
( ) 만 원

⑩ 가족이 본인의 부채를 대신 갚은 경험이 있는지
있음 ( ) 만 원 · 없음

⑪ 파산 절차를 경험한 적이 있는지
있음 (시기:) · 없음

⑫ 도박과 관련된 문제로, 가출이나 잠적을 한 적이 있는지
있음 (시기:) · 없음

⑬ 도박과 관련된 문제로, 자살을 생각한 적이 있거나 시도한 적이 있는지
있음 (시기:) · 없음

⑭ 도박으로 인해, 자살을 시도한 적이 있다면,
있음 (시기:) · 없음

⑮ 도박으로 인해 범법 행위를 저지른 적이 있는지
있음 · 없음

[도표 3-4]는, 평가 시트입니다. 접수 면접에서 필요한 정보를 기록할 수 있는 시트로, 앞면에는 문진표에 기재된 내용을 정리하고, 뒷면에는 출생부터 현재까지의 경과를 기재할 수 있습니다. 이 한 장의 시트로 환자의 상황을 파악할 수 있으며, 상담 기록이나 의료 기록에 첨부해 두면, 환자가 오랜만에 상담에 오거나, 상담 담당자가 변경된 경우에도, 환자의 전반적인 상황을 이해하는 데 도움이 됩니다.

평가 시 주의 사항

경제적 문제나 정신적 문제 상담소에서는, 부채 문제나 경제적 파탄과 우울증이 결합된 상담을 받게 될 수 있습니다. 이 배경에는, 도박 문제가 숨어있을 가능성이 있어 주의가 필요합니다. 환자 자신도 도박 문제에 대한 인식이 약할 수 있기 때문에, 여기서 직접 묻지 않는 한 도박에 대한 이야기는 나오지 않을 수 있습니다. 결과적으로 「우울증」으로 진단되고, 도박 문제에는 인식하지 못하여, 우울증이 개선되지 않는 경우가 발생할 수 있습니다. 따라서 「우울증+부채 (또는 경제적 파탄)」의 경우 도박 문제가 있을 수 있다고 생각하고, 그런 경우에는 「기쁘던 때, 가장 시간을 많이 썼던 취미는 무엇입니까?」와 같이 「취미」라는 접근으로 질문을 던져보면 「파친코」나 「경마」와 같은 답변이 돌아올 수 있어, 도박 문제의 조기 발견과 조기 개입에 도움이 될 수 있습니다.

고려해야 할 다른 사항은, 우울증, 조현병, 파킨슨병 환자의 경우 처방 받은 약물 중에, 도박 문제가 부작용으로 발생할 수 있다는 점입니다. 제1장 제5절에서, 도박장애의 원인으로, 도파민이 관여한다고 설명했습니다. 파킨슨병은, 뇌 내 도파민 분비가 부족한 질병으로, 도파민 분비를 보충하는 약물이 처방됩니다. 때로는, 도파민 조절이 잘되지 않아, 이로 인해 충동성이 증가하고, 원래 취미로 즐겼던 도박이 중독 상태에 빠지게 되는 경우가 있습니다.

또한, 우울증이나 조현병 환자의 경우에도, 부족한 도파민을 분비하도록 하는 약물이 처방될 수 있습니다. 통원하는 의료기관에서는, 도박 문제에 대해 인식하지 못하고, 약물이 처방될 수 있으므로, 파킨슨병, 우울증, 조현병으로 치료 중인 경우 진료 정보 제공서의 제출을 요청하여, 약물 처방 상황을 소속 의사에게 확인받는 것이 중요합니다. 소속 의사가 없는 상담 기관의 경우, 환자가 자신의 주치의에게 도박 중독에 대해 상담하도록 하고, 이를 치료 방침에 반영해야 합니다.

프로그램 수강을 원하지 않는 경우

접수 면접 후, 프로그램 수강을 원하지 않는 경우, 도박장애에 관한 교육 브로셔 (도박에 얽힌 문제 시 상담처 및 자조 그룹 정보 등이 포함된 자료)나 참고할 수 있는 도서 목록 등 최소한의 정보를 제공하고, 「어떤 문제가 발생하면, 언제든지 연락 주세요」라고 안내하여, 언제든지 상담을 받을 수 있도록 돕는 접근을 취해야 합니다.

도표 3-4 도박장애 평가 시트

첫 상담　　　년　　월　　일　　담당자:　　　　상담자:　　　　(관계　　　)	
성명:　　　　　　　　　　　남 · 여	주소:
생년월일:　　년　　월　　일 (나이:　　)	연락처:
상담의 주요 요구사항:	가족 구성 (가족도):
도박 문제에 대한 상담 이력:	
도박 종목: 인터넷도박, 카지노, 경마, 토토, 주식 기타 (　　　　　　　　)	

평가 항목			비고
기본정보	정신과 진료 경험	있음 (진단명:　　　　　　) · 없음	
	정신과 의외 진료 경험	진료중 (진단명:　　　　　　) · 없음	
	중대한 질병 · 교통사고 경험	있음 · 없음	
	최종 학력	중학교 · 고등학교 · 전문대학 · 대학 (학과　　　) · 대학원	
	직업 상태	재직 (직종:　　　　　　　　) · 무직	
도박관련정보	도박 현황 (최근 1개월 기준)	빈도: 1개월간　　　　회 소요 시간: 1회당　　　　시간 소비한 금액: 1개월　　　　원	
	첫 도박	세 때 시작 (당시 종목:　　　　)	
	처음으로 빚진 시기	원 · 빚 없음	
	현재 부채 총액	원 · 빚 없음	
	가족이 대신 도와준 경험	있음 (총액:　　　　　원) · 없음	
	부채 정리 경험	있음 (시점:　　　　　) · 없음	
	자살 사고 · 시도 경험	도박 문제로 인한 자살 사고 경험　있음 · 없음 도박 문제로 인해 자살을 시도한 경험　있음 · 없음	
	가출 및 잠적 경험	있음 · 없음	
	법적 문제	도박으로 인해 범법한 경험 있음 · 없음	
	기타 문제 행동	가정 내 폭력, 물건 파손, 욕설, 협박, 자해, 절도	
	도박 중단을 위한 노력	예) 도박 중단 다짐, 가족에게 돈 맡기기, GA 참석, 진료 등	
	기타 걱정되는 사건 · 특이사항		

(후면)

<table>
<tr><th colspan="2">시기</th><th>도박과 학업 성적, 대인관계, 등교 거부,
괴롭힘 등 기타 주의사항</th></tr>
<tr><td rowspan="5">자란에피소드</td><td>유아기</td><td></td></tr>
<tr><td>초등학교</td><td></td></tr>
<tr><td>중학교</td><td></td></tr>
<tr><td>고등학교</td><td></td></tr>
<tr><td>대학 · 전문학교 등</td><td></td></tr>
<tr><th colspan="2">시기</th><th>직장 · 도박 관련 정보</th></tr>
<tr><td rowspan="6">사회인이후에피소드</td><td>년 월 ~ 년 월</td><td></td></tr>
<tr><td>년 월 ~ 년 월</td><td></td></tr>
<tr><td>년 월 ~ 년 월</td><td></td></tr>
<tr><td>년 월 ~ 년 월</td><td></td></tr>
<tr><td>년 월 ~ 년 월</td><td></td></tr>
<tr><td>걱정되는 사건 · 특이 사항</td><td></td></tr>
<tr><td colspan="3">본인의 희망:</td></tr>
<tr><td colspan="3">가족의 희망:</td></tr>
</table>

실제 면접 상황에서는 「저는 빚 때문에 곤혹스럽지만, 도박 문제는 없습니다」, 「지금은 1주일 동안 도박을 그만뒀고, 하고 싶은 욕구도 떠오르지 않아 괜찮습니다」, 「도박을 그만둔 경험이 있기 때문에 다시 하지 않을 것입니다. 여기에 참여할 필요는 없습니다」 등의 말을 하는 경우가 있습니다. 이럴 때는 「그럼 일단 실험적으로, 자신만의 방법으로 도박에서 멀어지는 삶을 유지해 보세요. 만약 잘 되지 않는다면 언제든지 전화 주세요」라고 전달하여, 해당 당사자가 다시 상담을 받기 위한 장벽을 최소화하는 말을 해야 합니다. 실제로, 접수 면접에서는 프로그램 참여를 거절한 사람 중, 일년 후에 연락을 받아, 프로그램 참여로 이어진 사례도 있습니다.

우리 기관 외의 선택지도 제시하여, 당사자가 선택할 수 있도록 하는 것도 중요합니다. 「다른 전문 의료 기관이나 자조 그룹 등에서도 도움을 받을 수 있는 곳이 있습니다. 언제든지 참고해 주세요」라고 전달하여, 접수 면접에서는, 당사자의 도박 문제를 받아들이는 단계에 따라 유연하게 대응하는 것이 바람직합니다.

프로그램 수강이 결정되었을 경우

접수 면접 결과로, 프로그램 수강이 결정되면 숙제를 내드리게 됩니다. 숙제는, 매일 도박 상황을 달력에 기록하는 것입니다 (SAT-G 워크북 참조).

구체적으로 말씀드리면, 매일 자기 전에 오늘 하루를 되돌아보고, 파란색, 노란색, 빨간색 스티커 중 하나를 붙이게 됩니다. 파란색은 도박을 하고 싶다는 생각이 전혀 없었고 안전한 하루였던 날입니다. 노란색은 도박을 하고 싶었거나 도박에 대한 생각이 머릿속에 지나쳤지만 참았던 날입니다. 빨간색은 도박을 한 날입니다.

또한, 빨간색이나 노란색 스티커를 붙인 날에는, 왜 도박을 하고 싶어졌는지에 대한 이유를 적어주셔야 합니다. 예를 들어 「급여일 이었다」, 「도박에 관한 이야기를 들었던」, 「친구에게 초대받았던」 등의 이유입니다. 또한, 빨간색 스티커를 붙인 날에는 도박의 종류, 소요된 시간, 처음에 걸려있었던 금액, 이긴 금액 또는 졌던 금액을 기록해주셔야 합니다.

이와 같이, 지금까지 막연하게 하던 도박을, 달력을 통해 시각화하게 됩니다. 달력에 반년 동안 기록을 유지하면, 도박을 하고 싶은 마음이 어떤 계기로 생기는지, 또는 어떤 계기로 도박을 하게 되는지를, 알 수 있습니다. 또한, 그 계기에 어떻게 대응해야 할지, 어떤 창의적인 방법을 생각할 수 있는지를 당사자와 함께 고민해 나갈 수 있습니다. 그러므로 달력에 정직하게 기록하는 것을 부탁드립니다.

우리는 숙제를 줄 때, 프로그램에서 탈락을 방지하기 위해, 당사자에게 꼭 전하는 말이 있습니다. 그것은 다음과 같습니다: 「이후 3개월 후에, 프로그램을 그만두고 싶어지는 시기가 올 수 있습니다. 프로그램에 진지하게 참여하면서, 조금씩 도박으로부터 멀어질 수 있고, 3개월 후에 『프로그램 없이도 괜찮다』는 마음이 들 수 있습니다. 하지만, 이는 실제로 안심할 수 있는 상태는 아닙니다. 모든 세션이 끝나지 않으면 보이지 않을 수 있습니다. 만약 프로그램을 그만두고 싶어지는 시기가 온다면,

제가 말한 것을 기억하고, 프로그램을 계속 선택해 주세요」 이는 예고하는 것입니다. 누구나 회복을 위한 동기 부여를 유지하는 것은 어려운 일입니다. 약 3개월 정도 지나면, 마음이 요동치는 시기가 오는 것은 자연스러운 반응입니다. 이 사실을 미리 알고 있는 것과 그렇지 않은 경우, 그 반응에 대한 선택이 달라질 수 있습니다. 그래서 우리는 고의적으로 3개월 후의 예고를 하고 있습니다.

제2절 각 세션의 진행 방법

각 세션의 공통 사항

전체 6회 세션은 구조화되어 있으며, 모두 동일한 순서로 프로그램을 진행합니다. 세션의 흐름은 다음과 같습니다:「① 체크인」→「② 오늘의 과제」→「③ 체크아웃」. 각 세션은 개인으로 진행할 경우 약 1시간, 그룹으로 진행할 경우 약 2시간 정도 소요됩니다.

① 체크인

체크인

내용: 달력 및 근황 확인

POINT

- 단도박으로 이어지는 다양한 창의적인 해결책이나 경험에 주목합니다
- 노랑색이나, 빨강색 표시 때의 상황과, 이를 어떻게 극복했는지 확인합니다.
- 파란색이 계속되는 것을 너무 칭찬하지 않습니다.
(너무 칭찬하면, 노랑색이나 빨강색을 숨기는 경향이 있습니다)

우선,「체크인」에 대해 설명 드리겠습니다. 체크인 단계에서는, 당사자에게 부여된 숙제인 달력을 확인하면서, 최근 1개월간의 상황을 점검합니다.

체크인의 요점은, 당사자가 달력에 기록한 단도박을 향한 노력이나 이야기를 확인하는 것입니다. 따라서 노란색이나 빨간색 스티커를 붙인 다음 날에 파란색 스티커가 붙는 경우, 노란색이나 빨간색 상황을 어떻게 극복했는지를 확인해야 합니다. 또한, 노란색이나 빨간색 스티커를「정직하게 붙인 것」자체가 도박 문제에서 회복을 목표로 한 행동(문제에 대항하는 이야기)으로 간주되어, 그 행동을 칭찬해야 합니다.

그 반면, 파란색 스티커가 계속되는 경우, 이를 너무 칭찬하지 않도록 주의해야 합니다. 파란색 스티커가 계속되는 것을 칭찬하면, 나중에 당사자는 정직하게 노란색이나 빨간색을 붙이기 어려워질 수 있는 현상이 발생할 수 있습니다. 파란색 스티커가 계속된다는 것을 칭찬하는 것은, 지원가가 파란색 스티커를「기대한다」는 메시지로 당사자에게 전달됩니다. 그러면 당사자는 지원가를 실망시키고 싶지 않다는 생각이 들어, 노란색이나 빨간색을 붙이기를 망설이게 될 수 있습니다. 중요한 것은, 당사자가 솔직하게「도박을 하고 싶다」,「도박을 했다」라고 말할 수 있는 것입니다. 도박장애에는, 도

박 재개가 불가피하게 포함되어 있습니다. 프로그램을 마친 후에도 도박 재개는 충분히 일어날 수 있는 일입니다. 중요한 것은, 프로그램을 마친 후에도 도박을 재개한 경우에도, 솔직하게 믿을 수 있는 누군가에게 고백할 수 있는 것입니다. 이를 위해 안심·안전한 프로그램 기간 동안에 솔직히 털어놓는 연습이 필요하다.

우리 지원가들은, 도박을 다시 시작했다고 고백 받았을 때, 당사자가 솔직히 고백해준 점에 대해 치하를 명확하게 전달해야 합니다. 만약 도박 재개를 솔직히 고백했지만, 그에 대해 나무라듯이 대응한다면, 당사자는 다음부터 솔직히 말하기 어려워질 수 있습니다. 반면, 솔직히 고백한 결과를, 수용하고, 그에 대한 다음 대응을 함께 고민해 준다면, 그 후로는 지원가에게 솔직히 말하기 쉬워질 수 있습니다.

구체적인 예시를 통해 체크인의 포인트를 확인해 보겠습니다**[도표 3-5]**. 이 예시에서의 포인트는 세 가지입니다. 첫 번째 포인트는, 당사자가 자신의 도박 문제를 정직하게 달력에 표현할 수 있는지에 대한 피드백입니다. 노란색이나 빨간색 스티커 상황을 인식하고 정직하게 스티커를 붙이는 것은, 「문제에 대항하는 이야기」(26~27 페이지 참조)라 할 수 있으므로, 이를 당사자에게 피드백하여 정직하게 붙인 점을 칭찬해 주세요. 두 번째 포인트는, 도박 욕구가 일어난 이유를 확인하는 것입니다. 예를 들어, 6월 10일, 11일, 19일에 노란색 스티커가 붙여진 경우, 어떤 일이 도박 욕구를 일으켰는지를 확인합니다.

도표 3-5 확인 포인트의 예

달력 ⑥월

(土)	(日)	(月)	(火)	(水)	(木)	(金)
1	2	3	4	5	6	7
8	9	10 黄	11 黄	12	13	14
15	16	17	18	19 黄	20 赤	21 赤
22	23	24	25	26	27	28
29	30	31				

세 번째 포인트는, 노란색이나 빨간색 스티커가 붙은 후에 그 상황을 어떻게 극복했는지를 확인하는 것입니다. 예를 들어, 노란색이 지속된 후에 파란색 스티커로 변화한 6월 12일이나, 빨간색이 지속된 후에 파란색 스티커로 변화한 6월 22일을 주목합니다. 노란색이나 빨간색 스티커에서 어떤 전략이나 대응으로 극복했는지를 확인합니다. 때로는 무심코 하던 창의적인 대응이나 전략이, 도박에서 얻어진 생활을 계속하기 위한 태처로서 활용하는 데에 유용할 수 있습니다.

여전히, 당사자의 목표가 도박을 통제하는 것이라면, 당사자가 직접 설정한 도박과의 관계 방식(56페이지 참조)과 달력의 상황을 비교하면서, 「잘 하고 있는 점」과 「향후 과제」를 당사자와 함께 확인해 주세요.

② 오늘의 과제

오늘의 과제

내용:

- 달력 및 근황 확인
- 지금까지의 경과 확인
- 평가
- SAT-G 소개

POINT

- 당사자의 이해를 확인하면서, 각자의 이해가 깊어지도록 적절히 질문합니다.
  텍스트와 비슷한 경험이 있었는지 물어봅니다.
  일상생활에서 실천할 수 있을 것 같은 것을 물어봅니다.
- 긍정적으로 변화하려는 자세나 발언은, 공손하게 주목하고 칭찬합니다.

체크인이 끝나면 "오늘의 과제"입니다. 오늘의 과제에서는, 해당 세션을 당사자와 함께 읽으며 내용을 확인하거나, 텍스트에 있는 과제에 참여하게 됩니다. 여기서 중요한 점은, 텍스트에 있는 도박장애에 관한 설명을 이해하고 있는지 확인하거나, 「과거의 경험을 바탕으로 어떻게 느꼈는지」 확인하며, 텍스트의 과제에 참여하여, 앞으로의 생활에서 실천할 수 있을 것 같은 점을 확인하는 것입니다. 텍스트의 내용을 이해하는 것뿐만 아니라, 실제로 적용할 수 있는 점을 찾아서, 일상생활에 적용해 주시는 것이 이 프로그램의 핵심입니다.

③ 체크아웃

체크아웃

내용:

- 감상의 공유
- 자가점검
  매일 도박을 하지 않고 지낼 수 있는 자신감 (0점 ~ 100점)
  오늘의 내용을 얼마나 이해했는지 (0점 ~ 100점)

오늘의 과제가 끝나면, 마지막으로「체크아웃」에서, 이번 세션을 되돌아보게 됩니다.

체크아웃에서는,「셀프 체크와 소감」시트를 사용합니다**[도표 3-6]**. 이「셀프 체크와 소감」에서는, 되돌아보는 과정에서 두 가지 질문을 하게 됩니다. 첫 번째 질문은 당사자가 스스로 세운 목표를 달성하는 자신감에 관한 질문입니다.「현재, 당신이 도박을 하지 않고 매일을 보낼 수 있는 자신감 (또는 통제할 수 있는 자신감)」을 0점에서 100점 중 몇 점이라고 답변해 주세요. 이 점수를 매기는 것으로, 당사자의 자신감을 평가하거나, 반대로 불안한 감정을 언어화할 수 있습니다.

예를 들어「자신감이 60점이다」라고 대답한 경우에는,「절반보다 조금 더 자신감이 있는 것 같군요」라고 하여, 자신감에 대한 감정을 확인할 수 있습니다. 반면에 불안감을 확인하려면,「나머지 40점의 불안감은, 어떤 감정에서 오는 것인가요?」와 같은 접근으로 확인할 수도 있습니다.「자신감이 10점이다」라고 답변한 경우에는,「지금은 불안감이 크다는 감정이신가요?」라며 불안감에 대한 확인과, 동시에「전혀 자신감이 없는 것은 아니시군요」라고 자신감에 대한 감정도 확인할 수 있습니다. 예를 들어「자신감이 0점이다」라고 대답한 경우에는,「전혀 자신감이 없다는 것을 솔직히 말씀해 주셔서 감사합니다. 이제 조금씩 자신감을 회복해 나갈 수 있도록 함께 노력해 보겠습니다」라고 말할 수 있습니다.

이와 같이, 자신감을 점수화함으로써, 당사자가 현재 자신의 도박 문제를 어떻게 인식하고 있는지를 확인할 수 있으며, 동시에 당사자 자신의 자아 이해에도 도움이 됩니다. 또한 세션을 거듭할수록 자신감이 점차 증가하는 경향이 있어, 조금씩 자신감을 키워가고 있다는 점도 자각할 수 있습니다.

두 번째 질문은, 이해도를 확인하는 질문입니다. 이번 프로그램의 내용을 얼마나 이해했는지를 0점에서 100점으로 답변해 주세요. 이 점수를 기반으로 이해가 깊어진 부분이나, 반대로 부족한 부분에 대해도 확인할 수 있습니다.

각 세션에는, 목적이 있습니다. 그 목적에 대해, 당사자에게 세션 시작 초반에 먼저 알려주면, 당사자도 마음의 준비를 하고 세션에 임할 수 있습니다.

이제 세션을 시작하겠습니다.

도표 3-6 각 회기 돌아보기 시트

자가점검과 감상

오늘의 날짜: 년 월 일

성명:

1) 지금 현재, 당신이 도박을 하지 않고 매일을 어떻게 보낼 자신이 얼마나 있는지 말해주세요. 「전혀 자신이 없음」을 0점으로, 「절대적인 자신 있음」을 100점으로 할 때, 현재 당신은 몇 점 정도일까요? 밑줄 친 부분에 해당하는 곳에 0을 표시해주세요. (※ 당신의 목표가 「조절 도박」인 경우, 위의 자신을 「도박을 조절하고 계속하는 자신」으로 바꾸어읽어주세요.)

0점 50점 100점

전혀 자신이 없음 절대적인 자신 있음

2). 이번 프로그램의 내용을 얼마나 잘 이해했는지에 대해, 당신의 솔직한 감정을 말해주세요. 「전혀 이해하지 못했다」를 0점으로, 「매우 잘 이해했다」를 100점으로 할 때, 현재 당신은 몇 점 정도일까요? 밑줄 친 부분에 해당하는 곳에 0을 표시해주세요.

0점 50점 100점

전혀 이해하지 못했다 매우 잘 이해했다

목 차

이 프로그램에서 사용하는「도박」이라는 용어는, 가능성의 크기에 상관없이, 우연이 결과를 좌우하는 게임, 경기, 그리고 기타 특별한 행사에서, 금전이나 소유 재산의 손해 리스크를 안고 있는 행위를 의미합니다.

제 1 회 당신의 도박 상황을 정리해 봅시다

1 당신에게 있어서 도박의 매력은?

2 도박이 당신에게 어떤 결과를 주었습니까?

단기적 결과

장기적 결과

3 도박이 당신에게 어떤 결과를 주었습니까?

	장점	단점
도박을 계속할 때		
도박을 중단할 때		

제 1 회 의 목표

① 「과거의 도박」과 「앞으로의 도박」을 곰곰이 생각하여 정리하기
② 앞으로의 도박에 대한 목표를 결정하기

제1회 세션에서는, 앞으로의 목표를 정합니다. 목표를 「단도박」으로 할지, 아니면 「조절도박」으로 할지는 당사자가 선택합니다. SAT-G에서는 이 목표의 자기 결정을 매우 중요하게 생각합니다. 제2장의 대응 기본 원칙 중 첫 번째로 말씀드린 것처럼, 목표를 정하는 것은 당사자이지, 지원가가 아닙니다. 당사자의 인생은 당사자의 것이지, 우리 지원가의 것이 아니기 때문입니다. 단, 목표를 스스로 정한 이상, 자신의 책임 하에 주체적으로 임해야 합니다. 그렇기 때문에, 목표 설정에는, 시간을 들여 신중히 생각할 시간이 필요하므로, 목표 설정을 위해 한 회기의 세션을 할애합니다.

목표는, 4의 「당신의 목표」에서 당사자가 결정해야 하지만, 거기에 다다르기까지, 「지금까지의 도박」과 「앞으로의 도박」에 대해 당사자가 스스로 차분히 생각해 주시기 바랍니다.

우선은, 1의 도박의 매력에 대해서 확인해보겠습니다. 프로그램 초반에는, 당사자도 긴장감이 높을 것으로 생각되므로, 처음부터 「도박으로 생긴 문제」에 대해 확인하기보다는, 도박에 어떤 장점이 있었는지를 묻는 것이 대답하기 쉬울 것입니다. 당사자는 여러 가지 위험이 있는 가운데서도 도박을 계속해 온 경과가 있습니다. 여러 가지 리스크를 짊어지고서도 계속해 온 것은, 도박에는 당사자를 끌어들이는 어떤 매력이 있기 때문입니다. 따라서 어떤 점이 매력적이었는지를 먼저 확인해 나갑니다. 매력은 하나가 아니라 여러 가지가 있는 경우가 대부분입니다. 그 매력은 당사자에게 매우 가치 있는 것이었을 수도 있습니다. 당사자가 말하는 매력을 들으면, 도박을 포기하지 못했던 이유를 당사자의 입장에서 지지자도 이해할 수 있을 것입니다. 도박으로 인해 어려움을 겪었지만, 도박이 없었다면 극복할 수 없었을지도 모르는 당사자의 괴로움을 이해할 수 있을 것입니다.

이 「매력」에 대해서는, 「돈이 늘어난다」, 「(빚 문제에 대해) 한방에 역전할 수 있다」와 같은 돈에 관한 것들이 많습니다. 그 외에도, 「싫은 일이나 현실을 잊을 수 있다」, 「스트레스 해소가 된다」, 「고독하지 않다」, 「외로움이 달래진다」 등 감정의 변화를 언급하는 경우도 많습니다. 이 외에도 「시간을 때울 수 있다」, 「사교의 장이 된다」는 답변도 있습니다.

매력을 충분히 들은 후, 2의 「도박이 당사자에게 가져온 결과」를 정리합니다. 결과에 대해서는, 「단기적인 결과」와 「장기적인 결과」로 나누어 정리합니다. 단기적인 결과는 도박을 하고 있는 동안이나, 끝난 직후에 발생한 결과입니다. 장기적인 결과는, 도박을 오랫동안 계속해온 결과, 최종적으로 어떤 일이 일어났는지를 의미합니다. 단기적으로는, 많은 경우 당사자는 「이겼을 때」와 「졌을 때」로 나누어 이야기해줍니다. 이겼을 때는, 「돈이 늘었다」, 「기분이 고양되었다」, 「우월감을 느꼈다」, 「스

제3장 SAT-G의 사용법

트레스가 해소되었다」,「친구와 맛있는 것을 먹으러 갈 계획을 세웠다」와 같은 긍정적인 결과가 발생합니다. 1의「도박의 매력」에서 언급된 많은 것들은,「단기적인 결과」 중에서도 도박에서 이겼을 때 발생하는 결과인 경우가 많습니다.

반면, 졌을 때는「돈이 줄었다」,「그만둘 걸 후회했다」,「이럴 줄 몰랐다고 절망했다」,「죄책감에 시달렸다」,「사라지고 싶었다」,「분노가 솟아올랐다」와 같은 부정적인 결과가 발생합니다. 즉, 이겼을 때와 졌을 때는 정반대의 결과가 발생하는 것입니다. 추가로, 당사자는「졌을 때」의 경험이 압도적으로 많습니다. 즉, 당사자는 드문 승리 속에 숨어있는「매력」을 놓지 못하고 괴로워하고 있는 것입니다. 또한, 매일 승리와 패배의 정반대 결과를 롤러코스터처럼 경험하고 있는 것입니다.「단기적인 결과」를 정리하면, 도박이 나쁜 것만은 아니었고 좋은 결과도 있었으며, 롤러코스터 같은 나날로 마음이 편하지 않았을 것임을 당사자에게 피드백해주세요.

이어서는, 장기적인 결과입니다. 당사자가 여기서 대답하는 답변에는, 좋은 결과가 하나도 없습니다.「빚이 늘었다」,「다중 채무가 되었다」,「개인 파산했다」,「직장을 잃었다」,「이혼했다」,「거짓말을 하는 것이 아무렇지 않게 되었다」,「우울증에 걸렸다」,「죽고 싶은 기분이 들었다」,「감옥에 가게 되었다」와 같은 답변이 많이 기록됩니다.

장기적인 결과가 채워지면, 1의「도박의 매력」과 2의「장기적인 결과」를 비교해 봅시다. 대부분의 경우,「도박의 매력」과「오랫동안 지속해 온 결과」에는 모순이 발생합니다. 그 모순을 깨달았을 때, 그것을 당사자에게 확인해 보세요. 예를 들어「돈이 늘어난 한편으로, 빚이 늘었다」,「스트레스 해소의 한편으로, 죽고 싶은 기분이 들었다」,「심심함을 달랠 수 있는 한편으로, 감옥에 들어가 자유를 잃었다」 등입니다. 당사자도 이 모순을 깨닫고 있는 한편으로, 보지 않으려 해왔을 것입니다. 이쪽의 고정관념으로 지적하는 것이 아니라, 당사자가 답변으로 작성한 것을 바탕으로 확인을 진행함으로써, 당사자와의 대립을 피하면서 도박장애에 대한 이해를 깊이 하는 기회가 됩니다. 이것은, 의존증 지원에 사용되는「동기부여 면접」에서「모순의 확대」라고 불리는 기법입니다.

여기까지의 1 2는,「지금까지의 도박」에 대한 회고입니다. 이어지는 3의「장단점」에서는「향후 도박에 대한」 고려를 합니다.

향후 도박을 계속하는 경우의 장단점과, 도박을 그만둘 경우의 장단점에 대해 텍스트 표에 기재해 나갈 것입니다. 이 표를 작성할 때에는, 1과 2에서 기재된 사항이 참고 됩니다.

먼저, 도박을 계속하는 경우의 장점입니다. 여기에는「시간을 보내기 좋다」,「돈을 벌 수 있다」,「스트레스 해소가 가능하다」와 같은 내용이 자주 기재됩니다. 계속하는 경우의 단점으로는,「돈이 줄어든다」,「빚이 늘어난다」,「직장을 잃을 수 있다」,「가족을 잃을 수 있다」,「고립될 수 있다」,「신뢰를 잃을 수 있다」,「정신적으로 고통받을 수 있다」,「시간을 낭비할 수 있다」 등이 자주 기재됩니다.

이어서 도박을 그만두는 경우의 이점입니다.「빚을 갚을 수 있다」,「자유로운 시간을 가질 수 있다」,「기분이 개운해 진다」,「신뢰를 되찾을 수 있다」 등이 기재됩니다. 마지막으로, 그만두는 것의 단점입니다. 여기에는「스트레스 해소 수단이 하나 줄어든다」,「시간을 죽이지 못 한다」 등의 답변이 있지만, 많은 답변이 기재되지 않습니다. 장점과 단점 표의 4개 모두가 채워지면서,「도박을 계속하는 단점」이나「도박을 그만두는 장점」이「도박을 계속하는 장점」나「도박을 그만두는 단점」보다 압도적으로 크다는 것을 알 수 있습니다. 즉, 도박을 그만둔 쪽이 장점이 더 크다는 것이 객관적으로 보입니다.

또 하나 중요한 것은, 「도박을 계속하는 장점」으로 기재된 것입니다. 가령 이 장점이 도박 이외의 것들로도 대체될 수 있다면, 도박을 계속할 필요성은 줄어들 것입니다. 예를 들어 「시간을 죽이기 위해」나 「스트레스 해소를 위해」로 기재되어 있다면, 「도박 이외의 방법으로 시간을 보내거나, 스트레스를 해소할 수 있는 새로운 즐거움을 찾으면 도박을 그만두는 것이 쉬워질까요」, 「도박보다 저렴하게 시간을 보낼 수 있는 무엇을 찾으면 더 경제적입니다」로 확인할 수 있습니다. 첫 세션에서는, 도박을 대체할 방법을 찾지 못할 것으로 예상되지만, 이후 세션을 거치면서 다른 방법을 고려해볼 수 있는 기회가 될 수 있습니다. 또한, 제5회 세션에서는 「도박 대신 즐길 수 있는 활동」을 고려할 기회를 마련하고 있습니다. 이전에는, 도박을 대신하여 저렴하게 즐길 수 있는 활동으로 「15,000원으로 6시간을 보낼 수 있는 만화카페」나 「하루 3,000원으로 사용할 수 있는 스포츠 짐」과 같은 활동을 채택한 사례도 있었습니다.

4 당신의 목표?

앞으로 6개월 동안의 당신 도박에서의 목표는 A와 B 중 어느 쪽입니까? 해당되는 곳에 ○를 그려주세요.

□ A. 단도박(도박을 그만둔다)

□ B. 조절도박(아래의 정해진 방식으로만 도박한다)

• 한 번의 도박에 드는 돈과 시간의 상한:

한 번에 ______ 원까지, ______ 시간 이내로 한다.

• 한 달(30일) 동안, 도박을 하는 일수:

한 달 동안 ______ 일 이내로 한다.

• 아래의 상황일 때만 도박을 한다.

(예: 쉬는 날, 집 청소하는 날, 가족에게 도박하는 것을 알린 날)

[ ]

• 아래의 상황에서는 도박하지 않는다.

(예: 일하는 날, 평일, 가족에게 거짓말을 한 날)

[ ]

5 당신이, 이 목표를 세우고, 자신의 도박 행동을 바꾸고자 하는 이유를 중요한 순서대로 세 가지 적어주세요.

❶

❷

❸

6 목표 달성의 중요성

현재 당신에게, 이 목표를 달성하는 것은 얼마나 중요한 일인가요? 「전혀 중요하지 않다」를 0점, 「가장 중요하다」를 100점으로 했을 때, 지금의 당신은 몇 점 정도입니까? **아래 선 위에 해당하는 곳에 ○ 표시해주세요.**

0점 ——————————— 50점 ——————————— 100점

전혀 중요하지 않다 　　　　　　　　　　　　　　　　 가장 중요하다

003

여기까지, 지금까지의 도박과 앞으로의 도박에 대해 정리해 온 것을 바탕으로, 앞으로 도박을 어떻게 하고 싶은지 목표를 당사자가 설정하도록 합니다. 즉, 「단도박」과 「조절도박」 중 어느 쪽을 목표로 할 것인가 입니다. 목표를 정하는 작업은, 여기까지 정리한 것을 바탕으로 당사자가 직접 결정하는 것이 중요합니다. 만약 접수 면접에서 「도박을 그만두려고 생각하지 않는다」고 말하더라도, 그것은 표면적이고, 일시적인 생각일 때가 많습니다. 그 말에 지원가는 너무 연연하지 말고, 우선 관계를 시작하고, 지금까지의 일과 앞으로의 일을 생각할 기회를 마련한 후, 그 위에서 어떻게 하고 싶은지를 결정하는 과정이 중요합니다. 만약 여기까지 정리한 후, 「조절도박」을 선택했다면, 그것을 응원하면 됩니다. 조절 도박을 선택해도, 프로그램 후반부에는 자연스럽게 목표가 단도박으로 바뀌는 사람도 있습니다. 당사자가 정한 목표를 응원하면서, 당사자가 주체적으로 그 목표를 향해 노력하고, 필요하다면 자신의 의지로 목표를 변경해 나가면 되는 것입니다. 그 과정을 응원하는 것이 지원가의 입장이라고 생각합니다.

목표를 정한 후에는, 5의 「목표를 세우고, 자신의 도박 행동을 바꾸고자 하는 이유」입니다. 왜 도박을 그만두기로 결정했는지, 혹은 조절해 나가기로 결정했는지, 그 이유를 당사자가 작성합니다. 대부분의 경우 「이유」는 하나가 아니라 여러 개가 있으므로, 이유를 최대 3개까지 작성할 수 있도록 하지만, 이유를 많이 들 수 없으면 하나라도 적어 달라고 합니다. 이유를 작성했다면, 명함 크기의 흰 카드를 건네고, 카드에 목표와 그 이유를 적어 달라고 합니다. 그리고 만약 막다른 골몰에 몰린 때가 있으면, 이 카드를 다시 보기를 권장합니다. 프로그램을 수강하는 동안에도 당사자는, 다양한 어려움에 직면하게 됩니다. 해결되지 않은 빚이나 잃어버린 신뢰를 다시 얻지 못하는 등으로 인해, 때때로 마음이 꺾일 때가 있을 것입니다. 그럴 때, 「왜 자신이 이 프로그램을 받기로 결심했는가」, 「왜 이 목표를 향해 노력하기로 했는가」를 되새기길 바랍니다. 탈락할 것 같은 순간에 부적처럼 이 카드를 가까운 지갑에 넣어 두면 좋겠습니다. 또한, 「목표를 세운 이유는, 프로그램을 2주, 3주 하면 변할 수 있다」고 말하는 당사자도 있습니다. 도박에서 벗어나 안정되면, 여러 가지가 보이기 시작하고, 목표를 달성하는 이유에도 변화가 생길 수 있습니다. 예를 들어, 「주변 사람들을 위해서」가 「자신을 위해서」로 바뀌는 등입니다.

6의 「목표 달성의 중요성」에서는, 도박을 그만두겠다는 목표를 달성하는 것이, 당사자에게 얼마나 중요한 일인지를 「전혀 중요하지 않다」를 0점, 「가장 중요하다」를 100점으로 하여 몇 점인지를 묻습니다. 여기에서 대부분의 사람들이 100점으로 답하지만, 당사자에게 목표 달성의 중요성을 명확히 표현하도록 함으로써, 앞으로 주체적으로 도박 문제에 대응하도록 하기 위한 계기가 되도록 하는 의도가 있습니다.

제 2 회 계기에서 재개에 이르는 경로와 대처

1 계기

계기란, 도박에 대한 갈망을 유발하는 사람, 장소, 물건, 상황, 감정 등을 말합니다. 예를 들어, 어떤 사람이 매월 월급날에, 퇴근 후, 편의점의 ATM에서 돈을 인출하고 파친코 가게에 갔다고 합시다. 이러한 경우, 이 사람의 계기는, 다음과 같은 것일 것입니다.

계 기

월급날, 퇴근 후, 편의점, ATM 기계, 금전, 파친코

계기가 있고, 도박을 한다는 것을, 여러 번 반복하게 되면, 당신의 뇌는 계기와 도박을 바로 연결시켜 버리게 됩니다. 즉, 단 하나의 계기로 인해, 당신은 도박으로 몰리게 되는 것입니다. 계기-생각-갈망-재개라는 사이클은 쉽게 끊을 수 없는 것입니다.

물질 사용 장애 치료 프로그램 SMARPP-16 제2회 [계기와 욕구]에서 발췌하여 수정

제 2 회의 목표

① 도박에서 벗어난 생활을 계속해 나가기 위해 필요한 궁리나 대처를 배운다.
② ①에서 배운 것을 실천에 옮긴다.

2회차 세션에서는, 도박에 대한 갈망을 일으키는 계기를 특정하고, 그것에 대한 구체적인 대처 방법을 생각합니다.

「1 계기」 이제, 계기에 대한 해설과, 계기가 있는 것이 결국 도박 재개로 이어진다는 것을 설명합니다. 1의 문장을 당사자와 함께 읽은 후, 하단의 도표에 대해 다음과 같이 당사자에게 설명합니다.

어떠한 도박의 「계기」를 당기면 작은 욕구가 생깁니다. 작은 욕구가 생기면, 도박에 대해 「생각」하거나 실제로 도박 정보를 조사하기도 합니다. 이 작은 욕구가 생긴 상태를 일찍 알아차리면 좋겠지만, 알아차리지 못하고 내버려두면, 점차 작은 욕구는 큰 욕구인 「갈망」으로 변하게 됩니다. 이 「갈망」이 커지면, 그 욕구를 참지 못하고 결국 도박을 「재개」하게 됩니다.

재개에 이르는 길을 도중에 끊기 위한 포인트는 아래의 3가지입니다.

❶ 계기를 특정하고, 될 수 있는 대로 떠난다.
(예: 정한 금액 이상의 돈을 가지고 다니지 않는다, 돈은 가족에게 관리받는 등)

❷ 도박을 재개할 것 같은 위험한 싸인(노란색 스티커 ※P.27 참조)을 일찍 알아차린다.

❸ ②를 알아차리고, 빨리 대처한다.

본 프로그램에서는, 위에서 언급한 ❶~❸의 내용을 배우고, 일상생활에서 실천으로 옮기는 것을 통해 도박에서 벗어난 생활을 되찾는 것을 목표로 합니다. 이번 세션에서는 ❶과 ❸을 정리하고, 3회차 세션에서는 ❷를 정리합니다. 4회차에서는 ❶~❸을 종합적으로 정리하고, 5회차에서는 회복을 위한 계획에 대해 논의합니다.

그럼, 먼저 첫 번째로「계기를 특정하고, 가능한 한 멀리 떨어지는」것부터 정리해 보겠습니다.

2 외적인 계기와 내적인 계기

① 외적인 계기…사람, 장소, 물건, 상황과 같은 당신의 주위에 있는 계기

과제 1

도박을 하게 만드는 계기가 될 수 있는 것에는 ○를 그리고, 그렇지 않은 것에는 X를 그립시다. 아래 있는 것 외에도, 도박을 유발할 수 있는 계기가 있다면 적어보세요.

- ☐ 혼자 집에 있을 때
- ☐ 도박 친구들이랑 있을 때
- ☐ 한가할 때
- ☐ 쉬는 날
- ☐ 퇴근 후
- ☐ 큰 레이스나 행사가 있는 날
- ☐ 비싼 물건을 사고 싶어질 때
- ☐ 광고 문자를 봤을 때
- ☐ 스포츠 신문을 읽고 있을 때
- ☐ 직장에서 도박의 화제를 들었을 때
- ☐ 도박 광고배너를 봤을 때
- ☐ 도박 동영상을 봤을 때
- ☐ 도박 사이트에 접속했을 때
- ☐ 도박 잡지를 읽고 있을 때
- ☐ 도박장 앞을 지나갔을 때
- ☐ 도박장 안에 들어갔을 때
- ☐ ATM을 조작하고 있을 때
- ☐ 월급날
- ☐ 수중에 돈이 있을 때
- .... 원이상

기타 ....

재개 경로를 중간에 차단하기 위해 SAT-G에서는 세 가지 포인트를 배웁니다. 이 세 가지 포인트는 상단의 「❶계기를 특정하고 가능한 멀리하기」, 「❷도박을 재개할 것 같은 위험한 신호를 일찍 알아차리기」, 「❸알아차렸으면 빨리 대처하기」입니다. 여기에서 기재된 ❶ ❷ ❸은, 58페이지의 도표에 기재된 ❶ ❷ ❸과 연결되어 있습니다.

이어지는 내용은 「2 외적인 계기와 내적인 계기」입니다. 여기에서는 과제에 대한 접근을 통해, 계기를 「외적인 계기」와 「내적인 계기」로 나누어 정리합니다. 「외적인 계기」란 우리 주변에 있는 사람이나 장소, 물건이나 상황을 의미합니다. 「내적인 계기」란 우리 내면에 있는 감정을 의미합니다.

이제 「❶외적인 계기」 정리에 대한 설명입니다. 여기 많은 외적인 계기를 나열하고 있습니다. 평소 당사자에게 계기가 될 만한 것에는 ○, 그렇지 않은 것에는 X를 표시하게 합니다. 여기 나열된 계기는, 과거에 이 프로그램을 받은 사람들이 제시한 계기를 참고로 기재한 것이므로, 많은 항목에 ○가 표시될 것으로 예상됩니다. 많은 ○가 표시된 경우, 과거 경험으로부터 도박으로 이어지기 쉬운 상위 3개의 계기를 선정하도록 합니다. 이 프로그램 기간 중 모든 계기를 피하는 것은 어렵기 때문에, 특히 주의가 필요한 계기에 집중할 것을 권장합니다. 당사자들이 상위에 자주 언급하는 계기는 「손에 돈이 있을 때」입니다. 이를 언급한 사람은 구체적으로 얼마 이상의 돈이 손에 있을 때 도박에 가고 싶어지는지를 기재하게 합니다.

제3장 SAT-G의 사용법

<계기로 인해 도박을 재개한 사례 (가상 사례)>

○ 친구의 도박 이야기를 들은 것을 계기로 경마를 재개한 A씨

A씨는, 경마에서의 손실을 추적하다가 다중 채무를 안게 되었고, 상환이 어려워지자 가족에게 도박 문제가 발각되었습니다. 빚이 발각된 후, 경마를 그만두는 조건으로, 가족이 빚을 대신 갚아주었습니다. 그 후 3개월 동안 경마를 끊었지만, 직장 흡연실에서 동료가 경마에서 크게 이긴 이야기를 들었습니다. 이를 계기로 경마에 관심이 생기기 시작했고, 인터넷에서 경마 정보를 찾아보니, 마침 다음 휴일에 이전에 크게 이긴 적이 있는 주요 경주가 열린다는 것을 알게 되어, 결국 경마를 재개했습니다. 재개 초기에는, 정해진 용돈 범위 내에서 즐겼으나, 재개 1년 후에는 다시 경마로 인해 빚을 지게 되었습니다.

A씨의 계기 = 직장 흡연실, 도박을 하는 동료, 도박 이야기, 인터넷, 경마 정보

② 내적인 계기… 당신의 내면에 있는 계기(감정)

과제 2

도박을 할 계기가 될 것 같은 감정에 ○, 그렇지 않은 것에는 X를 표시해 봅시다. 나열된 것 외에도, 계기가 될 것 같은 감정이 있다면, 작성해 보세요.

- ☐ 불안
- ☐ 불충족감
- ☐ 허전함
- ☐ 죄책감
- ☐ 초조함
- ☐ 안절부절
- ☐ 슬픔
- ☐ 두려움
- ☐ 피로감
- ☐ 부담감
- ☐ 설렘
- ☐ 즐거움
- ☐ 행복감
- ☐ 자신만만
- ☐ 도전심
- ☐ 편안함

기타

3 계기를 피하기 위한 방법

과제 3

과제에서 언급한 계기를 피하기 위해 어떤 것들을 할 수 있을까요? 실천할 수 있을 것에 체크 표시를 해주세요. 쓰여 있는 것 외에도, 할 수 있을 것 같으면, 적어 보세요.

- ☐ 다른 사람에게 돈을 관리하게 한다.
- ☐ 지갑 안에는 동전만 넣는다.
- ☐ 정해진 금액 (원) 이상은 가지고 다니지 않는다.
- ☐ 신용카드를 해지한다.
- ☐ 은행의 체크카드를 가족에게 맡긴다
- ☐ 사채 · 은행 대출 자제 제도를 이용한다.
- ☐ 도박 사이트의 회원 등록을 해지한다.
- ☐ 도박 사이트 이용을 규제하는 제도를 활용한다.
- ☐ 도박장이 있는 길을 지나가지 않는다.
- ☐ 도박 신문 광고나 잡지를 읽지 않는다.
- ☐ 인터넷에서 도박 사이트나 동영상을 보지 않는다.
- ☐ 평일 낮에는 일을 한다.
- ☐ 평일 낮에는 이용 시설에 다닌다.
- ☐ 휴일에는 체육관이나 도서관에 간다.
- ☐ 돈을 다루는 일을 피한다.
- ☐ 도박 친구와 거리를 둔다.
- ☐ 도박문제를 친구나 동료에게 전하고, 배려를 구한다.
- ☐ 스마트폰을 일반 휴대전화로 바꾼다.

기타

다음은, 내적인 계기입니다. 내적인 계기는 자신의 감정 등 내면적인 부분에 해당하며, 일부 사람들은, 「감정이 계기가 될 수 없다」고 생각합니다. 그런 경우에는, 이 **과제 2**를 건너뛰어도 괜찮습니다. 한편, 「외적인 계기보다 감정이 계기가 되기 쉽다」고 느끼는 사람들도 있습니다. 특히 제1장에서 소개한, 다른 정신장애 선행형인 타입 II의 사람이나 여성의 경우, 내적인 계기가 도박과 결합되는 경향이 있습니다. 「스트레스를 받을 때 도박이 하고 싶어진다」, 「외로움이나 고독감을 느낄 때 도박이 하고 싶어진다」, 「설레고 기분이 고양되어 있을 때 도박이 하고 싶어진다」고 답변합니다.

다음은 「3계기를 피하기 위한 궁리」입니다. 여기서는 1이나 2에서 정리한 계기를 피하기 위해 지금까지 SAT-G를 받은 사람들이 생각한 방법들이 나와 있습니다. 이 중에서, 실천할 수 있을만한 것에 체크를 해주시면 됩니다. 제2회 세션 마지막 **요약 과제**에서, 실천할 것을 선택할 예정이므로, 3에서는, 실제로 실천할지 여부와는 별개로, 우선 「실천할 수 있을 것」에 대해 가볍게 체크해주시면 됩니다. 선택 항목 중에는, 「정해진 금액 이상은 가지고 다니지 않는다」거나, 「타인에게 돈을 관리하게 한다」, 「대출을 스스로 할 수 없도록 하는 제도인 '대출 자제 제도를 이용한다」는 항목도 있습니다. 여기서 포인트는, 당사자가 직접 생각하고 선택하는 과정입니다. 사람은 다른 사람에게 강요받으면, 실천하려는 의욕이 떨어집니다. 가령 실천하더라도 오래 지속되지 않습니다. 강요받은 것이 「하고 싶지 않은 것」이나 「실천하기 어려운 것」이라면 더욱 그렇습니다. 자신이 실천할 수 있을 것 같은 것을 생각하고 선택하는 것이, 「해보자」는 「주체적인 행동」으로 이어집니다. 또한, 3에 착수하기 전에, 자그마한 지식 「계기 빅 3」(책 말미 부록 워크북 24페이지)의 내용을 확인하는 것이, 계기를 피하기 위한 방법을 생각하는 데 힌트를 줄 수 있으니 활용해 보시기 바랍니다.

4 도박에 대한 생각을 단절시키는 방법 (사고정지법)

도박의 재개에는, 일련의 흐름이 있다는 것을 우리는 배웠습니다. 이 흐름이 시작되지 않도록, 첫 번째 계기를 철저히 피하는 것이 중요합니다. 하지만, 우리의 평상시 생활 속에는, 계기는 무수히 있고, 모든 것을 피하는 것은 불가능에 가깝습니다.

이 흐름을 끊는 방법에 대해 소개하겠습니다. 만약 계기를 만나, 도박을 생각했을 때의 대처 방법입니다. 도박을 계속 생각하다 보면, 처음에는 작았던 갈망이 순식간에 크게 부풀어 오릅니다. 이 상태가 되어 버리면 갈망을 이겨내기는 어렵습니다. 그래서, 처음 생각하는 단계에서 스톱을 거는 것이 중요합니다. 생각하고 있는 자신을 발견하면, 곧 그 생각을 끊읍시다. 이 생각을 끊는 방법을「사고 정지법」이라고 부릅니다.

과제 4

다음의 대처 방법 1~5 중에서, 실천할 수 있을 것 같은 것에 체크를 해주세요.

□ **방법1** 스위치

스위치나 레버 그림을 머릿속에 떠올리고, 그 스위치를 끄는 동시에, 도박에 관한 생각을 버린다.

□ **방법2** 고무밴드

손목에 고무밴드을 착용하고, 그 고무밴드을 탁 튕기면서「안 돼!」라고 말한다. 그 후, 기분을 전환하여 다른 것을 생각한다.

□ **방법3** 릴랙스(relax)

숨을 깊이 들이마시고, 천천히 내쉰다. 이를 3회 계속한다. 이 과정을 반복하여 점차 긴장된 기분을 풀어준다.

□ **방법4** 고무밴드

누군가에게 전화하여 기분을 이야기한다. 이야기를 들어줄 수 있는 사람을 몇 명 찾아, 미리 부탁해 둔다.

물질 사용 장애 치료 프로그램 SMARPP-16 제2회 [계기와 욕구]에서 발췌하여 수정

다음은, 재발 신호를 감지했을 때의 대처법입니다. 계기를 만나 도박에 대한 욕구가 생기고, 도박에 대해 생각하기 시작했을 때, 그 생각을 빨리 끊는 것이 중요합니다. 이러한 생각을 끊는 대처법을 사고 중지법이라 부릅니다.

「4도박에 대한 생각을 단절시키는 방법」에서는, 사고 중지법의 예를 소개하면서 당사자가「할 수 있을 것 같은 것」을 선택하도록 합니다. 여기서 선택한 항목을 참고하여, **요약 과제**에서 실천할 대처법으로 좁힙니다. **과제 4**에서 소개한 방법들은 약물 의존증 치료에서 진료수가로 인정받은 인지행동치료 프로그램인「SMARPP-24」와, 도박장애 치료에서 진료비로 인정받은「도박장애 표준 치료 프로그램」에서도 소개된 방법들입니다.

<사고 정지법 사용의 요점>

○ 사고 정지법은, 손쉽고 시간이 많이 걸리지 않는 것이 실천적이다

도박에 대한 욕구는, 업무 중이나 여가 시간에 불현듯 찾아올 수 있습니다. 도박에 대한 욕구를 느꼈을 때, 가능한 빨리 사고 정지법을 실행하는 것이 중요합니다. 따라서 사고 정지법은,「손쉽고 시간이 많이 걸리지 않는 것」이 실천적이다. 예를 들어, 사고 정지법으로「집에서 비디오 게임을 한다」고 정한 경우, 직장에서 욕구가 생길 때는, 집에 돌아갈 때까지 실행할 수 없습니다. 따라서, 직장에서는「그 자리에서 할 수 있는 것」이나「잠깐 자리를 비우면 할 수 있는 것」이 더 적합합니다.「집에서 비디오 게임을 한다」를 사고 정지법으로 정한 경우, 별도로「손쉽고 시간이 많이 걸리지 않는 것」도 하나 준비하여, 상황에 따라 사용하길 권장합니다.

○ 사고 정지법 후에,「도박과 관련 없는 것」을 상상하기

도박에 대한 욕구가 강할 때는, 사고 정지법만으로는 욕구를 완전히 차단할 수 없는 경우가 있습니다. 이럴 때는, 사고 정지법 후에「도박과 관련 없는 것을 상상하기」라는 대처법을 추가로 사용하는 것이 좋습니다. 도박에 대한 생각이 강할 때는 다른 것을 생각하려 해도, 도박 외의 이미지를 떠올리기 어려울 수 있습니다. 따라서, 미리 상상할 것을 정해 두는 것이 좋습니다.「도박을 생각할 때는, OO을 상상하자」고 미리 정해두는 것입니다. 상상할 대상은 아래의 힌트를 참고하세요.

- 지금까지의 삶에서 인상 깊었던 장면으로, 쉽게 떠올릴 수 있는 것
- 그 장면은 도박과 무관할 것
- 부정적인 기억이 아니라,「즐거웠던 일」이나「감동했던 일」등 긍정적인 인상을 가진 장면일 것

예) 어릴 적 놀던 신사, 어릴 적 가족과 함께 갔던 여행 풍경, 좋아했던 애니메이션이나 드라마의 인상적인 장면

방법5 기타

다음은, 과거에 이 프로그램을 받은 참가자가 활용한 대처법입니다.

- ☐ 좋아하는 음악을 듣는다.
- ☐ 좋아하는 동영상을 시청한다.
- ☐ 휴대폰 배경화면(가족, 동물 사진 등)을 본다.
- ☐ 메일이나 문자로 도박하고 싶은 마음을 상담할 수 있는 사람에게 연락한다.
- ☐ 손에 있는 프로미스 링을 본다.
- ☐ 물 한 컵을 다 마신다.
- ☐ 사고 카드
  도박을 지속했던 결과로 인해 겪었던 일(2페이지 참조)을 기록한 명함 크기의 카드를 다시 읽고 고통스러웠던 시기를 회상한다.
- ☐ 스와이소우
- ☐ 수식관

기술된 것 외에도, 도박에 대한 생각을 끊는 데 도움이 될 만한 다양한 대처 방법이 있다면 적어보세요.

요약 과제

다음 프로그램까지, 아래의 ❶ ❷에 대해 사용해 보고 싶은 것을 각각 기재해 주세요.

❶ 계기를 피하기 위한 방법
(P6에 있는 **과제3**을 참고하여, 실행해 보고 싶은 방법을 기재해주세요)

❷ 도박에 대한 생각을 단절시키는 방법(사고 정지법)
(P7~8에 있는 **과제 4**를 참고하여 실행해 보고 싶은 방법을 기재해주세요)

008

「**과제 5** 기타」는 이 프로그램을 실제로 받은 사람들이 실천해 온 대처 방법들을 나열하고 있습니다. 여기에는, 「스와이소우」와 「수식관」이라는 것도 소개되어 있는데, 이에 대한 자세한 방법은 부록에 있는 SAT-G 워크북에서 확인하실 수 있습니다.

마지막으로 **요약 과제**입니다. 이 과제는 다음 달까지 1개월 동안 실천해 보고 싶은 시도에 대한 확신입니다. 구체적으로 「❶ 계기를 피하기 위한 방법」과 「❷ 도박에 대한 생각을 단절시키는 방법」에서 선택한 항목 중에서 실천해 보고 싶은 것을 선택해 주세요. 여기서는 「실천해 보고 싶은 것」이라는 질문을 하고 있습니다. 단순히 「시키는 대로」가 아니라, 「내가 하는」 주체성이 중요합니다. 다음 3회 세션까지 한 달이 남아 있으니, 요약 과제에서 답변한 내용을 과제로 삼아 일상생활에서 시도해 보시고, 다음 3회 세션의 체크인에서 시도한 결과를 확인할 것입니다.

제 3 회 재개를 막기 위해

1 재개와 재발

이 용어는 매우 유사하지만, 이 프로그램에서는, 두 용어를 다른 의미로 사용합니다. 첫째로 「재개」는 「도박을 잠시 그만뒀다가 다시 하게 되는 것」을 의미합니다. 반면에 「재발」은 「아직 도박을 하고 있지 않지만, 이전에 도박을 했을 때 보였던 나쁜 행동 패턴이나 생각이 다시 나타나는 것」을 말합니다. 다시 말해, 「재발」은 「재개의 전조」라고 할 수 있습니다.

즉, 실제로 도박을 「재개」하기 전에 이미 「재발」이 시작되어 있을 수 있습니다. 그리고 이 「재발」 증상을 인식하지 못하고, 아무런 대응을 하지 않으면, 결국 「재개」가 반드시 일어나게 됩니다. 그러나 「재발」의 징후를 인식하고 있으면, 도박의 재개로 이어질 가능성을 줄일 수 있습니다. 「재발」의 증상으로는 「나쁜 행동 패턴」과 「정당화」라는 두 가지 유형이 있으며, 이에 대해 자세히 알아보겠습니다.

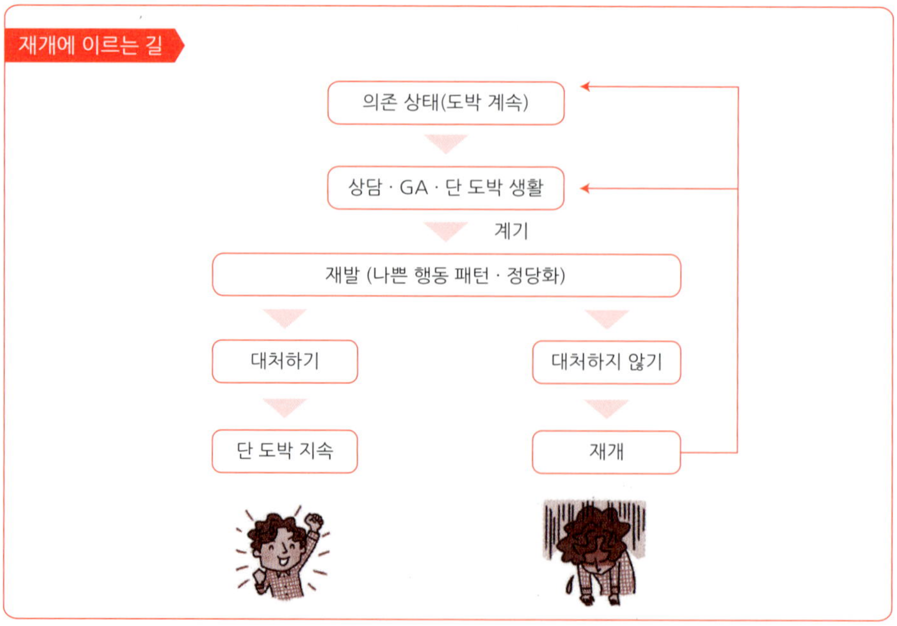

물질 사용 장애 치료 프로그램 SMARPP-16 제12회 「재발을 막으려면」에서 발췌하여 수정

제 3 회의 목표

① 「재발의 사인」에 대해 정리한다.
② 「재발의 사인」을 빨리 알아차리도록 한다.

제 3회 세션에서는, 도박 욕구가 일어나고, 도박을 생각하기 시작하는「재발의 신호」를 정리하고, 자신이 빨리 인지할 수 있도록 학습합니다. 접수 상담 이후부터,「캘린더」를 숙제로 제공하여,「재발의 신호」는 캘린더에서 노란 스티커의 상태로 나타납니다. 제 3회 세션 시점에는, 자신의 노란 스티커 상태에 대한 깊은 이해가 점점 깊어집니다. 3개월 동안 캘린더에 노란 스티커를 붙이며 진행하면, 더 많이 이해할 수 있습니다.

「1 재개와 재발」의 중요한 점은 두 가지입니다. 첫 번째는,「도박을 재개하기 전에, 이미 재발이 시작되어 있다」는 점입니다. 두 번째는,「재발의 신호를 빨리 발견하고 대응함으로써, 도박 재개를 막을 수 있다」는 것입니다. 이러한 점들을, 텍스트를 통해 읽고, 그림을 통해 보여주며, 상담자와 함께 공유해야 합니다. 재발의 신호에는「나쁜 행동 패턴」과「정당화」가 있으며, 이에 대해 제 3회 세션에서 학습할 계획을 상담자에게 전달해야 합니다.

2 나쁜 행동 패턴

어떤 사람이든, 도박에 빠져있는 상황이 지속되면, 일정한 행동 패턴이 나타나게 됩니다. 이러한 행동 패턴은, 도박을 계속하기 위해 자금을 얻으려고 하거나, 도박을 숨기기 위해 거짓말을 하거나, 약속을 어기거나, 불성실해지는 등의 행동을 포함합니다. 이를「나쁜 행동 패턴」이라고 합니다. 이러한 행동들은 모두 도박에 빠져있을 때 발생하는 전형적인 예시입니다.

이러한 행동들이「단도박중」임에도 나타날 때는, 재발의 사인으로 봅니다. 이런「재발의 신호」가 나타나면, 자신의 생활 상황을 다시 한 번 점검하고, 가능한 한 빨리 제 2회 세션에서 학습한 대처 방법이나 조치를 취하는 것이 중요합니다.

과제 1

다음 중에서, 도박에 빠져 있던 당시의 당신에게 해당되는 것을 선택하여 ✓ 해봅시다. 이 외에도「나쁜 행동 패턴」에 대해 추가로 적을 것이 있으면 적어보세요.

- ☐ 거짓말 한다
- ☐ 약속을 어긴다
- ☐ 가사나 육아를 게을리 한다
- ☐ 일을 무단으로 쉰다
- ☐ 가족과의 대화가 준다
- ☐ 친구와의 관계가 준다
- ☐ 다른 취미에 흥미를 잃고 있다
- ☐ 건강, 몸가짐에 신경쓰지 않는다
- ☐ 치료나 자조 그룹 참여를 중단한다
- ☐ 담배와 술이 는다
- ☐ 도박장 앞을 몇 번이나 지나간다
- ☐ 인터넷으로 도박 내용을 검색한다
- ☐ 신문에서 도박의 내용을 읽는다.
- ☐ 도박 정보지를 읽는다.
- ☐ 도박 관련 전단지를 본다.
- ☐ 도박 동영상을 본다.
- ☐ 금전 관리를 잘 못하게 된다.
- ☐ 남의 돈이나 물건을 훔친다.

기타

010

「2 나쁜 행동 패턴」이란, 게임에 빠져 있었을 때 종종 하던 행동 패턴을 말합니다. 이 패턴이 현재도 계속되고 있다면, 그것은 「재발」의 징후라고 할 수 있습니다. 예를 들어, 경마에 중독되어 있던 사람이 있습니다. 경마 레이스에 대한 정보를 인터넷에서 수집한 후에 베팅을 했던 경우를 생각해 보겠습니다. 이 사람이 경마는 그만 둔 상태지만, 여전히 사이트에 접속해서 레이스 정보를 찾고 있는 상황은 재발이라고 볼 수 있습니다. 사이트 접속이라는 행동의 배후에는, 당사자도 알지 못하는 게임에 대한 욕구가 숨어 있으며, 이를 인지하여 조기에 사고 정지법과 같은 대응을 취하는 것이 단도박을 계속하는 데 중요한 포인트가 됩니다. 따라서, 자신이 도박에 빠져 있을 때 했던 행동을 정리해 두면, 자신의 재발 징후를 볼 수 있습니다.

과제 1은, 도박에 빠져 있던 당시에 하던 행동에 대해 질문하고 있습니다. 이 과제에 참여한 후에는, 답변한 항목 중, 최근 1개월 동안 경험한 것이 있는지도 확인해보세요. 만약 경험한 적이 있다면, 달력에 황색씰을 붙였는지도 확인해보세요. 황색씰을 붙였다면, 재발의 징후에 잘 인지할 수 있었음을 당사자에게 피드백 해보세요.

〈나쁜 행동 패턴이 신호로 나타난 예시 (가상 사례)〉

○ 행동 패턴: 프로그램 참여 취소

B씨는 SAT-G를 3회 세션까지 순조롭게 이어왔지만, 제 4회 세션 당일 「급한 업무가 들어왔다」며 프로그램을 취소했습니다. 그 이후로도, 프로그램 당일이 되면 업무나 가정 사정을 이유로 여러 차례 취소하였습니다. 나중에, 제 4회 세션때 도박을 재개했음이 밝혀졌습니다.

《조언》

「프로그램을 당일 취소한다」는, 매우 빨강에 가까운 노랑색 씰 상태로, 명확한 신호입니다. 취소 전화를 걸려고 스마트폰을 조작하는 동안 한 숨 돌리고, 사고 정지법을 실행해보세요.

중요한 것은, 「도박을 다시 시작했는지」가 아니라, 자신이 할 수 있는 대처 행동을 실행하는 노력입니다.

3 정당화(악마의 속삭임)

「정당화」란, 도박을 다시 시작하기 위한 다양한 변명을 말합니다. 도박이 지배하는 뇌는, 당신이 도박을 재개할 수 있게 좋은 여러 가지 변명을 생각하고, 악마의 속삼임처럼 당신을 도박 재개로 인도하려고 합니다.

「더는 도박을 하지 않겠다」고 결심하고 있더라도, 다시 시작해버린 경험은 없습니까? 또한 그 때 다음과 같은 정당화를 한 경험이 있지 않습니까? 이러한 것들도 재발의 신호로 볼 수 있습니다. 이러한 신호에 주의를 기울이면서, 조기에 제 2회 세션에서 배운 대응 방법이나 기술을 사용하는 것이 중요합니다.

과제 2

아래의 정당화 중에서, 경험한 것에 대해 ✓ 해봅시다.

정당화 1 사고나 다른 사람들 때문에…

- ☐ 상사한테 불합리한 일로 꾸지람을 들었다. 화를 풀기 위해서는, 도박이 제일이다.
- ☐ 가족으로부터 심한 지적을 받았다. 아무도 믿어줄 사람이 없다면, 도박을 하든 만든, 아무것도 변하지 않을 것이다.
- ☐ 직장의 친구가 도박 얘기를 했기 때문에, 도박을 하고 싶어졌다. 어쩔 수 없다.
- ☐ 친구로부터 유혹을 받아서, 거절할 수 없었다.

정당화 2 파멸적인 사건 때문에…

- ☐ 배우자(애인)로부터 헤어지자고 하는 말을 들었다. 너무 충격이라, 도박을 하지 않을 수 없다.
- ☐ 직장을 그만두었다. 이제 절망적이다.
- ☐ 빚이 많아서 어쩔 수 없다. 갚기 위해서는, 도박밖에 방법이 없다.

정당화 3 오늘은 특별한 날이니까…

- ☐ 어려운 프로젝트를 성공적으로 마무리했으니, 노력한 자신에게 보상이다.
- ☐ 오늘은 특별한 기념일이니, 축하로, 오늘만 도박을 즐기자.

정당화 4 기타 여러 가지 이유 때문에…

- ☐ 한 번 만이면 괜찮을 거야.
- ☐ 이번이 마지막이니까.
- ☐ 지갑 속의 만 원만으로 그만둘 거야.
- ☐ 친구들은 술이나 담배를 하는데, 왜 나는 이 작은 즐거움인 도박도 하면 안 되는 거지?

011

계속해서 「3 정당화」에 대해 설명하겠습니다. 정당화란, 도박을 재개하기 위한 여러 가지 핑계를 의미합니다. 이러한 도박 재개를 정당화하는 생각은, 마치 악마의 속삭임처럼 당사자를 도박 재개로 이끌려고 합니다.

이 정당화에 대해, 지금까지 프로그램을 받은 분들이 경험한 정당화를 몇 가지 카테고리로 나눈 것이 **과제 2**입니다. 여기서 제시된 정당화 중에서 경험한 것이 있다면 체크해 주시기 바랍니다. 자주 보이는 것은 당사자가 체크를 하는 항목 중 **정당화 2**의 「빚이 너무 많아 어떻게 할 수 없다. 갚기 위해서는, 도박밖에 없다」입니다. 당사자는 도박을 그만두었다고 해도, 예전에 만든 빚은 매달 계속 갚고 있습니다. 갚는 동안, 스트레스가 쌓이거나, 피곤할 때, 문득 「이 빚을 도박으로 갚을 수 있을지도 모른다」는 마가 낀 생각이 들 수 있습니다. 그 외에도, **정당화 4**의 「한동안 도박을 안 했으니, 이제는 적당히 도박을 할 수 있지 않을까」, **정당화 5**의 「한 번만이면 괜찮을 것이다」도 많은 분들이 체크를 합니다. 당사자에게는, 과거에 경험한 정당화를 떠올려보게 하고, 지금 냉정한 상태에서는 이 정당화에 대해 어떻게 생각하는지 생각해 보도록 합니다. 이 과거를 되돌아보는 작업이, 앞으로 유사한 정당화를 할 때, 「아, 이 생각은 정당화구나」라고 깨달을 수 있는 계기가 될 것입니다.

<정당화의 사례 (가상 사례)>

○정당화=경마에서 이길 수 있다면, 한 방에 변제할 수 있다

C씨는, SAT-G에 3회까지 순조롭게 참여하며, 도박을 끊는 것을 지속하고 있었습니다. 한편, 도박에 빠져 있던 당시 만든 많은 빚을 갚기 위해 투잡을 하며, 잠을 아껴가며 일하고 있었습니다. 그러던 어느 날, 겨울 보너스가 지급되었고, 다음 주에 경마 경주가 열린다는 것을 우연히 TV 광고로 알게 되었습니다. 그 순간 「이 빚은, 투잡으로 고생하지 않아도, 경마에서 이기면, 한 번에 갚을 수 있다」는 생각이 떠올랐고, 그 결과 경마를 재개하여, 보너스 전액을 경마로 날리게 되었습니다.

《해설》

SAT-G를 수강해도, 빚이 없어지는 것은 아닙니다. 프로그램을 수강하면서, 동시에 빚을 갚고 있는 분들이 많습니다. 하지만, 빚 문제의 현실과 마주했을 때, 「도박으로 한방에 이기면, 이 빚을 갚을 수 있을 텐데」라는 생각이 문득 들 때가 있습니다. 이는 당사자가 과거에 도박으로 경제적 위기를 벗어난 경험이 있어서 생기는 정당화입니다. 냉정하게 돌아보면, 도박으로 「경제적 위기에 빠진 경험」이 「위기를 벗어난 경험」보다 압도적으로 많지만, 몇 안 되는 성공 경험이 근거가 되어, 「도박으로 이겨서 빚을 갚겠다」는 정당화가 생기는 것입니다. 이 정당화를 「일어날 수 있는 자연스러운 반응」으로 미리 알고 있다면, 실제로 정당화가 일어나도 당황하지 않고 사고 중지법을 시도할 수 있을 것입니다.

정당화 5 **기타 여러 가지 이유 때문에…**

- ☐ 한 번 만이면 괜찮을 거야.
- ☐ 이번이 마지막이니까.
- ☐ 지갑 속의 만 원만으로 그만둘 거야.
- ☐ 친구들은 술이나 담배를 하는데, 왜 나는 이 작은 즐거움인 도박도 하면 안 되는 거지?

기타

요약 과제

❶ 이제 일어날 것 같은「나쁜 행동 패턴」이나「정당화」에는 어떤 것들이 있습니까?

❷ ❶의「나쁜 행동 패턴」이나「정당화」를 어떻게 안전하게 극복할 것인가요? P.6~P.8의 방법과 대처를 참고하면서 생각해 봅시다.

마지막은 **요약 과제**입니다. **과제 1**과 **과제 2**에서는, 과거의 경험을 돌아보면서 재발의 신호로서 경험했던 것을 정리했습니다. **요약 과제**에서는, 앞으로 일어날 것 같은 재발의 신호와 그것이 일어났을 때의 대처 방법을 검토합니다. 당사자는 그동안 여러 번 재발의 신호를 경험하고, 재발에 이른 경험이 있습니다. 앞으로 재발이 전혀 일어나지 않을 가능성은 없습니다. 「두 번 있으면, 세 번도 있다」고 합니다. 신호를 이해하고, 앞으로 일어날 수 있는 상황에 대비하는 것은, 재발 신호를 빨리 인식하고 침착하게 대처하는 데 도움이 됩니다. 또한, 제 3회 세션이 끝날 무렵에는, 캘린더의 스티커가 거의 파란 스티커인 분들이 있습니다. 프로그램 기간 동안, 「파란 스티커가 계속되는 것」보다, 「노란 스티커를 인식하는 것」이 더 중요하므로, 당사자에게는, 재발 신호를 빨리 인식할 수 있는 훈련과 함께, 노란 스티커를 붙이는 기준을 낮추고, 조금이라도 도박에 대한 생각이 들면 노란 스티커를 붙이도록 제안해 주세요.

<집단 프로그램에 관한 Q&A 1>

Q 1: SAT-G의 도입을 검토하고 있습니다만, 집단 프로그램과 개별 프로그램 중 어느 것을 실행할지 고민하고 있습니다.

A 1: 개별과 집단 중 고민할 때는 개별 프로그램부터 시작하는 것을 권장합니다. 개별 프로그램에서는, 한 명의 당사자와 충분한 시간을 가지며 프로그램을 통해 대화할 수 있고, 당사자의 상세한 이야기를 들을 수 있습니다. 여기서는, 집단 프로그램에서 다루지 않는, 더 구체적이고 개별적인 이야기를 들을 수 있을 것입니다. 이 경험은, 지원가가 도박장애를 당사자의 입장에서 이해하는 데 중요한 자산이 될 것입니다. 또한, SAT-G의 진행 방법도 수강자인 당사자의 협력을 얻어, 트레이닝을 할 수 있을 것입니다. 개별 프로그램부터 시작하면서 프로그램을 이용하는 당사자가 늘어나, 그룹을 구성할 수 있게 되면, 그룹으로 전환하는 것이 좋습니다.

Q 2: 집단 프로그램은 평일 개최라도 참여를 얻을 수 있나요?

A 2: 얻을 수 있습니다. 많은 당사자는 낮에 일을 하고 있지만, 월 1회라면 휴가를 맞춰 참여합니다. 또한, 최근에는 「평일 낮 근무」뿐만 아니라, 「교대제 근무」나 「서비스업에서 주말 근무」를 하는 분들도 많습니다. 따라서 모든 분에게 맞는 날을 설정하는 것은 불가능하므로, 소속된 곳에서 실시 가능한 날짜에 개최일을 설정하면 좋다고 생각합니다. 당사자가 프로그램에 연결되기 위해서는, 홈페이지 등을 사용하여 지원 활동을 적극적으로 홍보하고, 지역의 관련 기관과의 연계가 중요해집니다(32~33 페이지 참조). 또한, 지역에 따라서는 의료기관에서도 지원 프로그램이 개최되거나, 자조 그룹도 개최되고 있습니다. 당사자에게는 SAT-G뿐만 아니라, 지역에 있는 다양한 사회 자원을 알려주고, 당사자가 여러 선택지 중에서 선택할 수 있게 하는 것이 중요합니다.

제 4 회 나의 이정표

「다시는 도박을 하지 않겠다고 결심했다. 나는 의지가 강한 사람이니까 괜찮아」, 「지금은 그때와는 달리, 강한 의지를 가지고 있기 때문에, 빚까지 내어서 도박을 할 일은 없다」 이처럼, 강한 의지를 가지는 것은 중요하지만, 그것만으로는 안전하다고 할 수 없습니다.

도박에서 벗어난 상태를 유지하는 것은, 의지력만으로 유지한 것이 아닙니다. 적절한 대처를 하고 있기 때문에 유지할 수 있는 것입니다. 적절한 대처란, 지금까지 배운 「계기를 피하기」, 「도박 재발의 위험 신호를 빨리 알아차리고 조치하기」 등의 행동을 말합니다. 따라서, 당신의 도박 욕구를 억제하고자 하는 강한 의지는, 「계기을 피하기」, 「도박 재발의 위험 신호를 빨리 알아차리고 조치하기」 등의 구체적인 행동으로 표현하는 것이 중요합니다.

1 계기(복습)

계기는, 도박에 대한 갈망을 일으키는, 계기가 되는 것을 말합니다. 계기는 사람, 장소, 물건, 상황 등 당신의 주위에 있는 「외적 계기」와, 당신의 내면에 있는 감정 같은 「내적 계기」로 나눌 수 있습니다.

2 닻

닻은, 배가 조류에 휩쓸리지 않도록 바다에 내리는 무게추를 말하지만, 이 프로그램에서는 당신이 도박의 욕구에 휩쓸리지 않고, 깨끗한 상태를 유지하게 하는 역할을 하는 것을 「닻」이라고 부릅니다.

당신에게, 「이 사람만큼은 절대로 슬프게 하고 싶지 않다」, 「적어도, 여기 있을 때는 도박을 하지 않는다」, 「이런 상황이라면 도박은 절대 하지 않는다」라는 생각이 있지 않습니까? 이것들이, 당신의 닻입니다. 이 닻은, 당신이 도박을 끊는 데 도움을 주는, 등대의 불빛 같은 존재가 될 것입니다.

013

① 「닻」의 중요성에 대해 깊게 이해하기
② 도박 재개로 가는 나쁜 흐름을 멈출 기회는 여러 번 있다는 것을 이해하기

서두의 설명에서는 「강한 의지를 갖는 것이 중요하다」고 설명하고 있습니다. 의존은 의지의 힘으로 어떻게 조절할 수 없는 문제입니다. 그러나 당사자의 말 가운데 「의지를 강하게 갖는다」는 말은 자주 듣는 말입니다. 이는 반드시 틀린 말이 아니라고 생각합니다. 단지 의지를 어떻게 갖느냐의 문제입니다. 도박을 「하지 않겠다」는 의지를 강하게 지속하는 것은 어렵습니다. 그보다는, 도박을 하지 않기 위해 「필요한 방책이나 대처를 지속하는 강한 의지」를 갖는 것이 중요합니다. 이 도박을 하지 않기 위해 필요한 방책이나 대처야말로, 「계기를 피하는 것」, 「재발의 징후를 인지하고 빠르게 대처하는 것」과 같은 행동입니다. 76페이지에서는 당사자가 가지기 쉬운 「강한 의지를 갖는」 것의 방향을 설명하고 있습니다.

76페이지 후반부에서는, 「닻」이라는 새로운 단어가 등장합니다. 닻이란 도박을 하고 싶어도, 도박을 하지 않도록 붙잡아 주는 부적 같은 것입니다. 계기와는 반대의 효과를 가지는 것으로, 예를 들어 「가족과 함께 있을 때는 도박을 하지 않는다」, 「직장에 있을 때는 절대 도박하러 가지 않는다」는 사람에게, 가족이나 직장이 닻이라고 할 수 있습니다. 「병원이나 자조 모임에 갔던 날은, 도박을 가지 않는다」라면, 병원이나 자조 모임도 닻이라고 할 수 있습니다.

나의 이정표

과제 1

계기 표를 작성합시다. 당신의 생활과 관련된 장소, 사람, 물건 등이, 도박과 관련된 정도에 따라 써봅시다.

100% ←――――→ 0%

	언제나 · 대게	별로 없다	전혀 없다
장소			
사람			
물건			
상황			
감정			
\조언/	위험 즉시 떠나자	위험성은 낮지만 주의 필요	이것들을 중심으로 생활하자(닻)

014

이어서「나의 길잡이」에 대한 설명입니다. **과제 1**에서는, 표를 사용하여 도박의 계기가 되는 것과 닻이 되는 것을 정리합니다. 표는「장소」,「사람」,「물건」,「상황」,「감정」의 5개 분야로 나뉘어 있습니다. 분야별로 계기가 될 가능성이 있는 것은 "언제나 · 대개」에 기재합니다. 닻이 되는 것은「절대 없다」에 기재합니다. 때로는 계기도 되고, 닻도 되는 경우는,「거의 없다」에 기재합니다. 예를 들어「가족이 닻이 될 때도 있고, 계기가 될 때도 있다」고 답하는 사람도 있습니다. 그런 경우는「가족」을「거의 없다」에 기재합니다. **과제 1**에서 자주 기재되는 것은 다음과 같습니다.

	언제나 · 대개	별로 없다	전혀 없다
장소	도박장, 은행, 편의점		집, 직장, 상담 기관
사람	도박 친구 돈을 빌려주는 사람		가족, 친구, 담당 의사, 상담사
물건	돈, 현금카드, 도박잡지, 전단지, 스마트폰		가족 사진, DVD 취미 장비 (기타 등)
상황	돈을 많이 가지고 있을 때 새로운 기계가 나왔을 때 같은 수의 날(예: 7/7) 휴일에 시간이 날 때		가족이 돈을 관리하고 있을 때 일이 바쁠 때 가족과 함께 있을 때 프로그램에 참여한 날
감정	분노, 압박감		성취감, 만족감

먼저,「장소」에 대해, 지원가가 예를 보여주면서 당사자가 이해할 수 있도록 도와주고, 당사자가 이미지를 잡으면,「사람」 이후의 분야를 기재하는 작업을 진행하면 원활하게 진행됩니다.

표가 완성되면 당사자에게,『절대 없다』가 중심인 생활일수록, 도박에서 멀어진 생활을 계속할 수 있고, 한편「『언제나 · 대개』가 가까이 있으면 있을수록 도박 재개의 위험이 높아진다」는 것을 설명하고, 가끔 자신의 생활이 어느 쪽에 가까운지 확인해 볼 것을 권장하세요. 그 후, 표 중의「절대 없다」에 기재된 내용 중에서, 최근 1개월 동안「생활의 가까이에 있는 것」에 표시를 해주세요. 아마도 제4회 세션까지 프로그램을 계속하는 분들은, 표시가 적을 것으로 예상됩니다. 표시가 많은 경우, 생활 속에서 잘 대처하며 도박에서 멀어진 생활을 보내고 있는 것에 대해 피드백을 주세요.

재개로 가는 길

과제 2

「나의 길잡이」에서 기술된, 계기(재개의 가능성이「언제나 · 대개」)를 참고하여, 당신의 도박 재개로 이어지는 흐름을 설명해 보겠습니다. 아래의「계기 4」부터「계기 1" 순서로, 가능한 범위 내에서 기술해 주세요.

계기 1

↓ 1

계기 2

↓ 2

계기 3 원 이상의 돈(을 찾다, 빌리다)

↓ 3

계기 4 도박 장소「 」(에 가다)

↓ 4

도박 재개

요약 과제

위의 화살표 번호 1~4 중 어느 시점에서 멈출 수 있습니까? 멈추기 위한 기술 또는 대처는 무엇입니까?

멈출 수 있는 화살표 번호 =

멈추기 위한 기술이나 대처 =

015

이어서, 「재개로 가는 길」에 대한 설명입니다. 여기에서는 도박 재개에는 여러 가지 계기가 함께 작용할 수 있음과 동시에, 도박 재개의 흐름을 중단할 수 있는 시점도 몇 군데 있음을 배우게 됩니다. 과거에도 여러 번 도박을 그만 둘 결심을 했지만, 다시 도박을 시작한 경험이 있습니다. 이 다시 시작된 경험을 되돌아보면, 도박 재개에는, 여러 개의 계기가 겹쳐 있는 것을 알 수 있습니다. 구체적인 예로는 「회사의 흡연 구역에서, 새로운 기계에 대한 이야기를 들어, 그 기계에 대해 스마트폰에서 정보를 찾기 시작했다. 그 과정에서, 파친고에 가고 싶은 기분이 생겨, 집에 있는 5만 원을 지갑에 넣어, 평소 가는 도박장 A에 가서, 그 기계로 파친고를 했다」라고 합니다. 이 사례에서 계기를 크게 1) 「파친코에 대한 이야기」, 2) 「스마트폰에서 조사한 새 기계 정보」, 3) 「집에 있는 5만 원」, 4) 「도박장 A」로 나눌 수 있음을 알 수 있습니다.

	예 1	예 2	예 3
계기 1	한가한 시간	주로 레이스 경기의 광고를 봤다.	보너스가 들어왔다.
계기 2	도박 친구가 도박을 하자고 전화했다.	레이스 정보를 인터넷으로 검색한다.	경정의 개최일이었다.
계기 3	ATM에서 10만 원을 인출했다.	인터넷 계좌로 30만 원을 입금했다.	50만 원을 인출했다.
계기 4	파친코 가게B	경마 사이트C	경정 발매소D

먼저, 지원가가 도박 재개로 이어지는 사례를 제시하면서, **과제 2**의 표를 이해하도록 돕고, 「계기 4」→「계기 3」→「계기 2」→「계기 1」의 순서로 표를 채우도록 요청합니다.

「계기 4」에서는, 자주 가는 도박 장소 (또는 도박 사이트)를 기재합니다. 그 도박 장소에 가기 위해 얼마나의 자금을 준비했는지 확인하고, 그 금액을 「계기 3」에 기록합니다. 그 금액을 준비하게 된 계기가 무엇이었는지 확인하고 「계기 2」에 기록합니다. 그 「계기 2」를 유발시킨 계기가 추가로 있다면 「계기 1」에 기록합니다.

과제 2의 표가 채워진 후에는, 표에 기재된 「계기 1」→「계기 2」→「계기 3」→「계기 4」→「도박 재개」라는 흐름 사이에, 여러 시점이 있음을 확인합니다. 흐름을 멈추는 타이밍은, 각각의 계기 사이에 있는 화살표 1~4입니다. **요약 과제**에서는 이 화살표 1~4 중 어느 타이밍에서, 재발의 징후를 알아차리고, 중지를 할 수 있는지, 더 나아가 어떤 방법이나 대응으로 중지를 확인할 수 있는지를 확인합니다. 이 과제의 「중지하는 방법이나 대응」은, 제 2회 세션의 방법이나 대응을 참고하십시오.

제 5 회 회복으로 가는 길

1 도박 대신 즐길 수 있는 활동

도박을 끊고 싶어하는 분들 중에는, 「도박이 유일한 즐거움이다」 또는 「도박 외에 무엇을 해야 할지 모르겠다」고 말하는 분들이 많습니다.

많은 분들에게, 도박을 시작했을 때는, 도박이 생활의 일부분에 불과하고, 다른 즐거움도 있었을지 모릅니다. 그러나 도박을 하다 보니, 도박을 하는 시간이나, 도박에 대해 생각하는 시간이 점점 늘어나고, 그 전까지 다른 즐거움에 사용했던 시간이 줄어들면서, 도박이 생활의 대부분을 차지하게 된 것은 아닌가요.

도박의 즐거움을 재평가하고, 도박 문제에서 회복하기 위해서는, 도박을 하는 시간을 줄였을 때, 그 빈 시간을 즐길 수 있는 활동을 미리 생각해 두는 것이 효과적입니다. 그 활동은, 도박을 시작하기 전에 이미 하고 있던 활동이어도 좋고, 지금까지 해본 적은 없지만, 재미있을 것 같은 활동이어도 괜찮습니다.

이처럼, 도박 대신 즐길 수 있는 활동을 미리 생각해 두는 것은, 한 번 끊었던 도박을 다시 시작할 가능성을 줄이는 데 도움이 됩니다.

과제 1

스텝 1 이하의, 즐길 수 있는 활동의 일람 ①과 ②에서, 「이것은 할 수 있을 것 같다」, 「조금 '해볼까?」라고 생각하는 것에 체크 ✓를 해주세요.

스텝 2 스텝1의 기재를 바탕으로, ③을 채워봅시다.

	① 약간의 궁리로 부담없이 할 수 있는 코스 (거의 무료로, 손도 덜 가는 코스)	② 더욱 노력해서 약간 특별감 코스 (조금의 돈, 약간의 수고를 들이는 코스)
음식	□ 단맛 나는 음식을 먹다 □ 갓 지은 밥에 후리카케를 뿌려 먹다 □ 커피, 홍차, 녹차 마시기 □ 아이스크림을 먹다	□ 마음에 드는 카페가기 □ 자택에서 철판구이, 타코야키 만들기 □ 라면을 먹다 □ B급 미식가의 식도락 □ 불고기, 초밥을 먹으러 가다

제 5 회의 목표

① 도박 대신 즐길 수 있는 활동을 검토하다.
② 도박을 재개해 버렸을 때 거기에서 회복하기 위한 대처를 검토하다.

제 5회 세션에서는, 구체적으로「도박 대신 즐길 수 있는 활동」과「도박을 재개했을 때의 대처」에 대해 배웁니다.

도박에서 벗어나는 것으로, 그때까지 도박에 소비해 온 시간은「빈 시간」이 됩니다. 이 빈 시간을 어떻게 보낼지 곤란한 당사자는 많습니다.「원래 도박 이외에 취미가 있었지만, 도박에 빠져, 점차 도박 이외에 관심이 없어졌다. 는 분이라면, 도박을 대신할 수 있는 방법을 찾기 쉽습니다. 예를 들면 낚시를 좋아했다.「대학 졸업 때까지 축구를 계속 했다.「마라톤을 좋아했다」이런 분입니다. 한편,「원래 특별히 취미라고 부를 수 있는 것이 없어, 도박이 유일한 취미였다」는 분에게 있어서,「도박을 그만두면 어떻게 지내야 할지 모르겠다」와 같은 상황이 일어나기 쉽습니다. 물론 도박에 빠져 있었던 것으로,「아버지로서」,「남편으로서」 또는「어머니로서」,「아내로서」 지금까지 가정에서 요구했던 역할을 해오지 않았던 것을 담당해 가는 시간으로 하는 것은 중요합니다. 단지, 그것만으로는 숨이 차 버릴 것입니다.「갬플을 대신해 즐길 수 있는 활동」도 도입하는 것은, 생활에 색채를 주어, 도박으로부터 떨어진 생활을 보내 가는데 있어서 중요한 포인트가 됩니다.

과제 1은 빈 시간을 활용하는 방법을 생각해보기 위해, 활동 예시를 카테고리별로 분류하여 표로 정리하고 있습니다. 이 표의 특징은, 활동을 포함하는 노력의 정도에 따라「① 조금의 고민으로 손쉽게 할 수 있는 코스」와「② 더 많은 고민으로 조금 특별함을 느낄 수 있는 코스」로 나누어진 점입니다. 과제에 착수할 때, 단계 1로서, 표의 두 개의 코스 중에서「이건 할 수 있을 것 같아」 또는「조금 해보고 싶은 것 같아」라고 생각되는 것에 체크를 합니다. 또한, 기재된 항목 이외에 떠오르는 것이 있다면, 빈 칸에 추가합니다. 과제에 착수하기 전에 관련자에게 실행 여부에 묶이지 말고, 부담 없이 체크를 해보라고 권유해주세요.

스텝 2에서는, 스텝 1에서 체크를 한 2개의 코스 활동 중에서, 각자 자신에게「No.1」 활동 (소중한 활동)을 결정하여, 표의「③ 당신의 No.1을 써보세요」에 기재합니다. 힌트 없이, 도박을 대체할 즐거움을 생각하는 것은 어려울 수 있지만, 예시된 선택지 중에서 선택하는 방식이라면, 의외로 할 만한 활동이 많다는 것을 당사자도 알게 됩니다. 또한, ③은「No.1」 활동으로 하지만, 복수 응답해도 괜찮습니다. 즐거운 활동은 많을수록 좋습니다.

과제 2는, **과제 1**에서 작성한 표의 ③에 기재된 활동 중에서, 앞으로 1개월 이내에 실행해보고 싶은 것을 언급해주세요. 앙코르 세션을 진행할 경우, 다음 체크인 때 실행한 결과를 확인해주세요.

운동 하기	□ 스트레칭, 체조, 요가. 명상 □ 근력운동 □ 걷기, 산책 □ 조깅 □ 자전거 타기 □ 유튜브에서 춤추기	□ 스포츠 클럽가기 □ 수상 스포츠, 겨울 스포츠 □ 스케이트 보드, 킥복싱 □ 공놀이, 격투기, 수영, 당구 □ 야구 연습장 가기 □ 클라이밍 체육관 가기
TV시청 영화 DVD	□ 스포츠 중계를 시청하다 □ 녹화한 드라마나 영화를 보다 □ 코미디 프로그램이나재미있는 TV를 보며 웃다 □ YouTube를 시청하다	□ DVD 또는 블루레이를 빌려보다 □ 월정액 서비스로 드라마 한 시즌 전체를 보다 □ 영화를 보러 가다
음악	□ 좋아하는 아티스트의 노래를 듣기 □ 안정을 찾는 클래식 음악을 듣기 □ 예전 자주 들었던 음악을 들어보기 □ 차 안에서 음악을 틀고 소리내어 노래 부르기	□ 좋아하는 아티스트의 CD를 사기 □ 콘서트에 가기 □ 온라인 콘서트에 참여하기 □ 음악 라이브 DVD를 빌려보기
동식물 자연과 친해지기	□ 자연을 느끼기 □ 개 산책하기 □ 개나 고양이와 함께 시간 보내기 □ 스마트폰으로 하늘을 찍기 □ 자연 속을 혼자 조용히 걷기 □ 자연 풍경을 사진으로 찍기	□ 밭에 가기 □ 침대 가게에 가기 □ 꽃 가꾸기 □ 잡초 뽑기 □ 과일 수확 □ 야채 키우기 □ 캠핑 □ 바다 보러 가기 □ 꿀벌과 사슴벌레 키우기 □ 금붕어나 송사리 키우기 □ 나무 클라이밍
외출	□ 편의점 □ 100엔 샵 □ 홈센터 □ 서점 □ 근처를 운전하기 □ 도로의 정류장 □ 도서관	□ 온천/사우나 □ 폐선/폐역 순례 □ 사이클링에 나가기 □ 등산/하이킹 □ 만화카페에 가기 □ 기차를 타보기 □ 연극을 보러 가기 □ 장거리 운전 □ 미술관에 가기 □ 지역 여행 □ 성 순례 □ 신사 순례
취미	□ 요리 □ 낚시 □ 서예 □ 그림 그리기 □ 하이쿠 만들기 □ 퍼즐 □ 어른용 색칠하기 □ 독서 □ 바둑/장기 □ 스도쿠 □ 가로세로낱말퍼즐 □ 노래방	□ 소바 만들기 · 빵 만들기 □ 목공 작업 · DIY □ 미니 사륜 구동차 · 라디오 컨트롤 · 드론 조종 □ 프라레일이나 모형 만들기 □ 간단한 악기(우쿠렐레 등) 배우기
마음가짐	□ 물건을 버리기 □ 청소를 하다 · 정리정돈을 하다 □ 정리정돈을 하다 □ 설거지를 하다 □ 빨래를 하다 □ 신문을 정리하다 □ 세차를 하다 □ 스마트폰 속 앱을 정리하다 □ 작은 친절(예: 전철에서 자리를 양보하는 등)	□ 해야 할 일 메모를 완료하기 □ 일을 열심히 하기 □ 방의 구조를 바꾸기 □ 자원봉사에 참여하기 □ 자격증 공부를 하기 □ 외국어를 공부하기 □ 방의 모양을 바꾸기

017

커뮤니케이션	□ 가족의 웃는 얼굴을 보기 □ 친한 친구와 이야기하기 □ 만나는 사람에게 인사하기 □ 아이의 학원 등하교를 시키기 □ 아이와 놀기 □ 가게 직원에게 감사 인사하기	□ 차를 마시며 친구와 수다 떨기 □ 학원이나 지역 동아리에 참가하기 □ 가족과 쇼핑센터에 가기 □ 지인과 식사 모임을 가지기 □ 마음 맞는 사람과 술 마시러 나가기 □ 집에서 술자리 열기
③ 당신의 No.1을 적어보세요	① 조금의 아이디어로 가볍게 할 수 있는 코스에서의 No.1	② 추가 아이디어로 조금 특별한 느낌의 코스에서의 No.1

도박이 중심이었던 생활에서, 도박이 아닌 새로운 활동을 도입하는 것은 큰 에너지가 필요합니다. 때로는「도박이 없는 일상」을 향해 나아가는 것에 대해, 불안을 느낄 수 있습니다. 그 불안은 정상적인 반응입니다. 누구나 평소의 일상에 변화를 일으키려고 할 때는 불안을 느끼는 법입니다. 반대로 말하면,「불안」은 변화가 일어나기 전의 신호입니다. 만약 도박이 중심이었던 생활에 변화를 주려는 것에 대해 불안을 느낀다면, 망설이지 말고 앞으로 한 걸음을 내딛으세요. 그 한 걸음이 도박 문제에서 벗어나는 계기가 될 것입니다.

과제 2

과제 1의 ③ 중, 앞으로 1개월 이내에, 실행해보고 싶은 것을 적어주세요.

018

2 회복을 위한 길을 걷는 팁

우리의 도박 문제는 하루에 생기는 것이 아니며, 또한 하루에 해결되는 것도 거의 없습니다. 지금까지 당신은 회복을 위해 도박을 그만두거나 줄이려고 여러 번 다짐하고 노력해 왔을 것입니다. 그러나 도박 행위를 통제하는 것은 매우 어렵고, 회복을 위해 다양한 어려움이 기다리고 있습니다.

과제 3

지금까지, 도박을 줄이거나 끊겠다고 결심(또는 약속)한 적이 있었고, 그 결과 잘 되지 않았던 경험이 있습니까? 있다면, 구체적으로 알려주세요.

잘 되지 않았던 경험　　　　　있었다 · 없었다

구체적인 예

여기 회복의 길에 대한 힌트가 될 만한 이야기를 소개합니다. 도박을 끊기 위해 프로그램에 참여해온 주인공 시마네 타로 씨는 어떤 계기로 도박을 다시 시작하게 되어, 도박을 끊으려는 노력을 포기할 뻔하지만, 그러나...

「회복의 분기점」(가상사례)

시마네 타로 씨는, 대학 2학년 여름에 친구의 권유로 파친코를 시작했습니다. 처음에는 취미의 범위에서 즐겼지만, 사회로 나가서는 잃은 돈을 되찾기 위해 점차 지출이 늘어나면서 빚을 지게 되었습니다. 그 후, 도박의 종류는 파친코에서 경마로 바뀌었고, 이전에는 즐거웠던 도박이 「빚을 갚기 위한 수단」으로 변했습니다. 27세 무렵에는 빚이 2,000만원으로 불어나고, 집으로 독촉장이 도착하면서 빚이 가족에게 발각되었습니다. "다시는 도박을 하지 않겠다"고 약속하고, 부모님께 빚을 대신 갚아달라고 부탁했습니다.

그 후, 아이들도 태어나고, 한동안 도박을 끊었지만, 33세에 우연히 경마 TV 중계를 본 것을 계기로 경마를 다시 시작하게 되었습니다. 35세 무렵에는 빚이 4,000만원에 이르렀고, 다시 가족에게 발각되었습니다. 걱정한 가족의 강한 권유로 전문 기관에 상담을 받게 되었고, 거기서 SAT-G라는 지원 프로그램을 추천받았습니다. 프로그램을 수강하는 것에 대한 불안감은 있었지만, 도박에 의존하지 않는 삶을 되찾고자 하는 마음에서, 도박을 끊는 것을 목표로 프로그램을 받기로 결심했습니다.

프로그램을 시작하고 3개월 동안 순조롭게 도박을 끊으며 조금씩 도박 없는 생활에 익숙해질 무렵, 직장의 흡연실에서 동료로부터 「경마에서 크게 이겼다는 이야기」를 들은 것을 계기로 경마를 다시 시작했고, 그 달 안에 용돈 전부를 경마에 써버리고 말았습니다.

시마네 씨는 「3개월 동안의 노력이 물거품이 되어버렸다」고 생각하며 회복에 대한 노력을 포기할 뻔했습니다. 하지만 프로그램의 텍스트를 다시 읽어보면서, 자신이 여태까지 왜 이렇게 노력했는지를 되새기게 되었고, 그 결과 「도박을 다시 시작하는 것은 일시적인 지체에 불과하다. 이번 실패를 다음에 활용하면 지금보다 더 강해질 수 있다」는 생각에 이르렀습니다. 그 후 프로그램을 이어가면서 시마네 씨는 경마를 다시 끊고, 현재 3년 간 잘 유지하고 있습니다.

이어서 제5회 세션의 후반부입니다. 후반부에서는 「도박을 재개했을 때의 대처」에 대해 배웁니다.

도박장애에는, 도박의 재개가 따릅니다. 「이제 도박은 하지 않겠다고 결심했으니, 재개할 일이 없다」, 「도박을 재개하는 것을 생각하고 싶지 않다」, 「도박을 재개하는 것을 전제로 하는 것은 이상하다」고 말씀하시는 분들도 있습니다. 그 마음은 충분히 이해할 수 있습니다. 도박을 끊고 계속 유지하는 것이 가장 좋습니다. 그러나 만약 도박을 재개하게 된다면 어떻게 하겠습니까? 그것에 대비해두면 재개했을 때 침착하게 대처할 수 있습니다. 애초에 「도박의 재개」는 도박장애의 증상입니다. 증상이 나타나는 것은, 어떤 의미에서는 어쩔 수 없는 일입니다. 그렇다면 「도박을 하지 않는다」는 것보다, 「도박을 했을 때, 어떻게 피해를 최소화하고, 회복하려고 행동할 것인가」가 중요한 것입니다. 이 사고방식은, 재난 훈련과 같습니다. 재난 훈련도, 재난이 없는 것이 가장 좋지만, 재난이 발생할 가능성이 0이 아니기 때문에, 막상 재난이 일어났을 때 피해를 최소화하기 위해 훈련을 하는 것입니다.

그래서 **과제 3**에서는, 지금까지 도박을 끊으려고(줄이려고) 결심하고, 잘되지 않았던 경험을 확인합니다. 대부분의 사람은 경험이 있다고 답할 것입니다. 경험이 있는 사람은 구체적으로 어떤 경험을 했는지 기록해 줍니다.

이어 도박을 재개했을 때, 그것을 어떻게 극복할 수 있는지에 대한 힌트를 제공하기 위해, 가상 사례 「회복으로의 갈림길」을 소개합니다. 이 사례에서는, 당사자가 도박 중단을 목표로, SAT-G를 수강하며 도박장애로부터 회복을 위해 노력해 왔지만, 도박을 재개하게 되어, 회복을 향한 노력을 포기할 뻔합니다. 그러나 도박 재개를 「일시적인 정체에 불과하다」고 생각하고, 그 후에도 프로그램을 계속하여 다시 도박 중단을 하게 됩니다. 여기서 전하고 싶은 회복의 힌트는, 「도박의 재개를 어떻게 받아들이는가」입니다. 사람은, 받아들이는 방식에 따라, 그 이후의 행동이 크게 달라집니다. 사례처럼 도박 재개를 「일시적인 정체에 불과하다」고 받아들인다면, 「프로그램을 지속한다」거나 「믿을 수 있는 누군가에게 상담한다」는 행동으로 옮길 수 있을 것입니다. 반면에 「그동안의 노력이 모두 수포로 돌아갔다」고 받아들이면, 그 이후에는 자포자기하게 되고, 다시 의존적인 도박으로 빠지게 될 것입니다. 이처럼, 도박 재개의 받아들이는 방식에 따라 행동이 크게 달라지기 때문에, 사전에 도박 재개를 어떻게 받아들이면 긍정적인 행동으로 이어질 수 있을지 당사자가 생각해보는 기회를 마련하고 있습니다.

시마네 씨는, 도박을 끊겠다는 목표를 포기할 뻔했지만, 텍스트를 다시 읽고, 자신을 격려하여, 결국 목표를 달성했습니다. 도박 문제에서의 회복의 여정은 시마네 씨의 깨달음이 큰 힌트가 됩니다. 도박의 재개는, 당신의 발걸음을 일시적으로 늦출 수는 있지만, 결코 당신의 완전한 회복을 막는 것은 아닙니다. 회복의 길을 포기하지 않고 계속 걸어가다 보면, 언젠가 반드시 목표에 도달할 수 있습니다. 만약 당신이 도박의 재개를, 시마네 씨가 텍스트를 다시 읽고, 생각을 바꾼 것처럼, 단지「일시적인 정체에 불과하다」고 느낀다면, 다시 한번 회복을 향해 걸어가 보지 않겠습니까? 그 한 걸음 한 걸음이 반드시 회복으로 이어질 것입니다.

3 만약 장래에 도박을 다시 시작하게 된다면?

위에서, 도박을 다시 시작하더라도 포기하지 않고 회복을 향해 앞으로 나아가는 것이 중요하다는 것을 배웠습니다. 만약 장래에 도박을 다시 시작하게 된다면, 당신은 어떤 대처를 취하시겠습니까?「현재 단계에서 도박 재개를 상정하는 것은 이상하다」고 생각하실지도 모릅니다. 하지만 예를 들어, 방재 훈련이「만일의 재난」에 대비하여 적절한 행동을 취할 수 있도록 준비하는 것처럼, 도박을 재개했을 경우의 대책을 생각해 두는 것은, 도박 재개로 인한 피해를 최소화하기 위한 대비가 되는 것입니다.

요약 과제

앞으로 당신이 도박 문제로부터 회복하는 도중에 걸려 넘어져 도박을 다시 시작하게 되었을 때, 당신이 바로 할 수 있는 대처에는 어떤 것이 있습니까? 할 수 있을 것 같은 항목에 체크를 해보세요. 적혀 있는 것 외에 다른 것이 있다면 적어보세요.

- ☐ 지금까지 상담한 적이 있는 상담 기관에 다시 상담해보기
  [상담 기관:]
- ☐ 신뢰할 수 있는 사람에게 상담하기
  [상담할 사람:]
- ☐ 프로그램에 참여해보기
  [프로그램명:]
- ☐ 자조 그룹 (※)에 참여해보기
  [자조 그룹명:]

기타

※ 자조 그룹이란, 같은 병이나 문제로 고민한 경험이 있는 사람들이 모여, 서로 도우며 회복을 목표로 하는, 자발적인 연결로 이루어진 그룹입니다. 의존 문제로부터의 회복에 매우 효과적입니다. 자조 그룹의 개최 정보는 스태프에게 문의하세요.

다음은 요약의 과제로, 재개했을 때 즉시 할 수 있는 대처에 대해 확인합니다. 여기서 「자조 그룹」도 선택지에 포함하고 있으므로, 지원가는 사전에 인근 자조 그룹의 개최 상황에 대해 정보 수집을 해두어야 합니다. 접수 면접이나 첫 번째 세션 때는, 자조 그룹에 참여를 받아들일 수 없었던 분들도, 다섯 번째 세션까지 진행하면, 자조 그룹에 대해 관심을 보이는 경우가 많습니다. 또한 앙코르 세션에서도, 다시 자조 그룹을 소개하는 코너를 마련하고 있습니다.

다섯 번째 세션 종료 시, 당사자가 추가로 프로그램의 실행을 희망하거나 지원가가 세션의 추가를 희망하는 경우, 앙코르 세션으로 진행하십시오.

〈집단 프로그램에 관한 Q&A 2〉

Q 3: 집단 프로그램의 참가자는, 몇 명 정도가 적당합니까?

A 3: 지금까지의 그룹 운영 경험에 따르면, 집단 프로그램의 참가자는 7~8명이 적당한 인원이라고 생각됩니다. 8명을 초과하면, 당사자 한 명씩 발언할 수 있는 기회가 줄어들어 참여자도 불만족스러운 느낌을 갖기 쉬우며, 인원이 많아지면 긴장감이 생기기 쉽습니다. 7~8명이면 자신도 충분히 이야기할 수 있고, 다른 사람의 이야기도 천천히 들을 수 있습니다.

Q 4: 개방 그룹※과 패쇄 그룹※ 중 어느 쪽으로 하는 것이 좋습니까?

※ 개방 그룹: 세션 중에도 신규 멤버가 참가할 수 있는 그룹

※ 패쇄 그룹: 고정멤버로 시작하며, 그 크루의 세션 도중에 신규 멤버가 참가할 수 없는 그룹

A 4: 오픈 그룹으로 할 것을 권장합니다. 클로즈드 그룹으로 진행하면, 세션 도중에 수강을 희망하는 당사자는 최대 반년 가까이 대기해야 합니다. 이 경우 대부분의 당사자는, 지원에서 탈락합니다. 오픈 그룹은, 언제든지 프로그램에 참여할 수 있으므로, 프로그램 참여 희망을 받고 나서 실제로 참여할 때까지의 시간 차이가 짧습니다. 또한, 오픈 그룹은 처음 참가하는 사람이 있으면, 베테랑 참가자도 있습니다. 처음 참가자에게는, 선배와 만나, 회복 이미지를 가질 수 있습니다. 또한, 선배의 체험담은, 처음 참가자의 마음을 울리고, 부인을 완화시켜줍니다. 반대로 베테랑 참가자는, 처음 참가자의 이야기를 듣고, 자신이 처음 참가했을 때의 상황을 되돌아보는 좋은 기회가 됩니다. 서로에게 큰 이점이 있다고 생각됩니다.

앙코르섹션 회복을 위해 ~정직함과 동료~

1 진실을 전하는 것

도박을 한 사실을 숨기기 위해, 자신을 걱정해주는 누군가에게 거짓말을 한 적이 있습니까? 도박에 빠지면, 어쩔 수 없이 거짓말을 하게 되는 경우가 많습니다.

과제 1

❶ 당신은 도박을 한 사실(혹은 도박을 앞으로 할 계획)을 숨기기 위해 거짓말을 한 적이 있습니까?

거짓말을 한 적이 있다 · 없다

❷ 「있다」의 경우, 아래에서 경험한 것에 체크해 주세요. 적혀 있는 것 외에 다른 것이 있다면 적어 보세요.

- ☐ 도박을 하러 가기 위한 거짓말
- ☐ 도박을 한 사실을 숨기기 위한 거짓말
- ☐ 도박을 하기 위한 자금을 마련하기 위한 거짓말
- ☐ 도박과 관련된 빚을 갚기 위한 거짓말
- ☐ 도박이 원인이 되어, 사용해서는 안 되는 돈을 사용한 것을 숨기기 위한 거짓말
- ☐ 도박이 원인이 되어, 약속을 지키지 못한 것을 숨기기 위한 거짓말

기타

단도박을 지속하기 위해서는, 자신에게 솔직하고, 동시에 다른 사람에게 정직한 것이 매우 중요합니다.

예를 들어, 당신이 「한동안 그만두었던 도박을 어제 다시 시작했다」는 사실을 누군가에게 말할까 말까, 고민하고 있는 상황을 생각해봅시다.

앙코르섹션의 목표

① 회복을 위해 중요한 요소인 「정직함」에 대해 배우기
② 정직하게 이야기할 수 있는 「동료」의 중요성을 배우고, 그 동료가 모이는 장소인 「자조 그룹」에 대해 이해를 깊게 하기

앙코르 세션에서는, 자조 그룹에 대해 배우는 코너를 마련하고, 지역 자조 그룹에서 활동하고 있는 멤버의 협력을 받을 수 있다면, 그들이 참여하면 자조 그룹에 대한 이해가 깊어져 더 충실한 내용이 될 것입니다.

앙코르 세션 「1 진실을 전하는 것」에서는 「정직함」에 대해 배웁니다. 도박장애의 대표적인 증상 중 하나가 「거짓말」입니다. 대부분의 당사자는 도박과 관련된 「거짓말」을 한 경험이 있습니다. 우선, **과제 1**에서 당사자가 거짓말을 한 경험을 확인합니다. **과제 1**의 ❶에서, 거짓말을 한 경험이 있을 경우, ❷에서 어떤 종류의 거짓말을 했는지 해당 항목에 체크를 하게 하고, 그 답변을 바탕으로, 당사자의 거짓말 경험에 대해 구체적으로 확인해 주세요.

거짓말 경험을 확인한 후의 문장에서는, 회복을 위해서는, 자신의 도박 문제를 신뢰할 수 있는 사람에게 「정직하게 이야기하는」 것이 중요하다는 것을 설명하고 있습니다.

당신은, 「그렇게 말하면 화를 내지 않을까」, 「실망시키지 않을까」 등 걱정이 될지도 모릅니다. 하지만 회복을 위해서는, 당신의 도박 문제를 함께 해결해 줄 신뢰할 수 있는 사람에게, 도박을 한 사실이나 도박을 하고 싶은 마음을 솔직하게 이야기할 수 있게 되는 것이 무엇보다도 중요합니다.

도박을 끊으려고 시도했다고 해서, 바로 완전히 끊을 수 있는 것은 아닙니다. 도박을 하고 싶은 마음이 때때로 생길 수도 있고, 열심히 노력했음에도 불구하고 도박을 다시 시작하게 될 수도 있습니다. 그러나, 실패는 기회입니다. 용기가 필요한 일이지만, 신뢰할 수 있는 사람에게 솔직하게 이야기하는 것은 회복을 위한 여권입니다.

2 새로운 동료를 만들기

도박에 관해 솔직히 이야기하는 것은 중요하지만, 누구에게나 솔직하게 이야기하는 것은 어려울 수 있습니다. 가족이나 친구라고 해도 「도박을 하는 사람의 마음을 이해할 수 없다」고 생각하는 사람에게는, 당신의 「도박을 끊으려는 마음」이나 「때때로 도박을 하고 싶은 마음」을 이해받기 어려울지도 모릅니다. 그래서 「원래 도박을 했지만, 지금은 개선을 위해 노력하고 있는」 동료를 만드는 것이 중요합니다. GA(도박장애자 익명 모임)와 같은 자조 그룹에는 그런 동료가 많이 있습니다.

자조그룹이란

자조 그룹이란, 동일한 질병이나 문제로 고민한 경험이 있는 사람들이 모여, 서로 돕고 회복을 목표로 하는, 자발적인 연결로 이루어진 그룹입니다. 의존 문제로부터의 회복에 매우 효과적입니다. 도박 문제와 관련해서는, 본인의 그룹으로는 Gambler」s Anonymous (GA) 등이 있습니다. 또한 가족을 위한 그룹으로는, GAMANON이나 전국 도박장애 가족 모임 등이 있습니다. 이들 모두 전국 각지에서 활동하고 있습니다.

과제 2

주변에 어떤 자조 그룹이 있는지 확인해 봅시다.

가까운 자조 그룹

그룹 이름	요일	시간	장소

022

이어지는 내용으로,「2 새로운 동료를 만드는 것」은,「동료」의 중요성에 대한 학습입니다. 도박 문제에 대해 솔직하게 이야기하는 것은 중요하지만, 누구에게나 솔직하게 이야기하는 것은 어려운 일입니다. 솔직하게 이야기하려면, 자신의 도박 문제를 이해해주는 동료가 필요합니다. 그 동료가 모이는 장소로 자조 그룹을 소개하고 있습니다. 여기서 자조 그룹 멤버들의 협력을 얻을 수 있다면, 자조 그룹에 대한 해설을 추가함으로써 더욱 깊이 이해할 수 있을 것입니다.

〈집단 프로그램에 관한 Q&A 3〉

Q 5: 프로그램을 결석한 당사자에 대한 대응은 어떻게 하고 있나요?

A 5: 프로그램을 처음 결석했을 때는, 결석 당일 또는 다음 날에 전화로 근황 확인과 참여를 권유하고 있습니다. 그러나, 다음 프로그램에도 다시 결석한 경우에는 다음 권유 전화를 하지 않습니다. 여러 번 권유를 받고도, 응하지 못하는 경험은, 당사자가 정말로 곤란할 때 」부담을 느껴 상담하기 어려워진다「고 생각하기 때문입니다. 2회 연속으로 결석하는 데는 당사자 나름의 이유가 있다고 받아들이고 있습니다. 하지만, 언젠가는「다시 프로그램에 참여해보자」는 타이밍이 올 것이라고 믿으며, 무리하게 강요하지 않습니다.

Q 6: 집단 프로그램에서 탈락 방지를 위해 어떤 노력을 하고 있나요?

A 6: 제2장 제2절「SAT-G 시작 전에 알아두어야 할 사항」의 대응에 더해, 다음과 같은 노력을 기울여, 당사자가 자신의 참여 상황을 파악하고, 당면 목표(1쿠루 수료)를 의식할 수 있도록 하거나, 당사자의 참여 지속을 그룹 내에서 격려하고 있습니다.

(대응 노력의 예)

- 제3장 제2절 부록 5「일정표」를 사용하여 현재 참여 상황을 시각적으로 알 수 있도록 한다.
- 1쿠루 수료자에게는 수료를 축하하기 위해, 표창장을 수여한다.
- 10회, 20회, 30회 등 일정 횟수에 도달할 때마다, 지속적인 참여를 격려하는 표창장을 수여한다.

Q 7: 같은 그룹에서「단도박」과「절도박」이라는 서로 다른 목표를 가진 사람들이 섞여 있을 때 문제가 발생하지 않나요?

A 7: 지금까지 목표의 차이로 인해 문제가 발생한 적은 없습니다. 우리는 집단 프로그램 시작 시마다 항상「이 프로그램에는, 도박을 즐기는 방식에서 문제가 있었고, 자신의 도박을 개선하고자 하는 사람들이 참여하고 있습니다. 목표는 각자 다르지만,「개선하고자」하는 점에서는 같은 방향을 지향하는 사람들이 모여 있습니다」라고 명확히 전하고 있습니다. 즉,「단도박」도「절도박」도「개선하고자」 하는 점에서는 같은 방향을 바라보고 있다는 것입니다. 그룹에서는, 운영자 측의 입장을 멤버들에게 명확히 전달하는 것이 중요합니다.

요약 과제

당신은, 정직하게 도박 문제를 털어놓을 수 있을 것 같은 사람(도박 문제 해결에 함께 노력할 수 있는 가족, 친구, 지원자 등) 또는 장소(자조 그룹이나 이 프로그램 등)가 있습니까? 없는 사람은, 어떻게 하면 찾을 수 있을까요?

털어놓을 수 있을 것 같은 사람이나 장소

어떻게 하면 찾을 수 있을까요

전 세계에서 한 곳이라도 좋으니, 「여기서는 정직하게 이야기할 수 있다」는 장소를 만들어 봅시다. 비밀을 지켜주고, 비난하거나 책망하지 않으며, 당신을 걱정해주는 장소입니다. 도박 문제의 전문 상담 창구나 자조 그룹은 그런 장소 중 하나입니다. 그리고 안심하고 이야기할 수 있는 동료나 지원가와 함께 노력을 쌓아가면, 반드시 회복할 수 있다는 것을 잊지 마세요.

요약 과제에서는, 도박 문제를 정직하게 털어놓을 수 있는 사람이나 장소를 확인합니다. 전 세계에서 한 곳이라도 좋으니 정직하게 이야기할 수 있는 장소를 만들기를 바라는 마음으로, 마지막 과제를 마련했습니다. 만약 「현재는 정직하게 털어놓을 장소가 없다」는 경우, 털어놓을 수 있는 장소가 생길 때까지 SAT-G를 함께 진행해 온 실시 기관을 적을 것을 제안해 주세요. 텍스트의 마지막은, 도박장애는 「반드시 회복할 수 있다」는 메시지로 마무리하고 있습니다.

이 SAT-G를 계속하는 것은, 당사자에게 상당한 부담이 되었을 것입니다. 마지막까지 포기하지 않고 이 프로그램을 완수한 것을 꼭 격려해 주세요.

부록 1

토막지식

계기 빅3

「계기 빅3」는 도박 행동을 가능하게 하는 필수 요소인 「시간」, 「돈」, 「장소」 세 가지를 가리킵니다. 반대로 말하면, 이 세 가지 계기 중, 하나라도 부족하면 도박을 할 수 없습니다. 수학의 곱셈으로 비유하자면 「10 × 20 × 0 = 0」과 같이, 곱하는 숫자 중 하나라도 「0」이 있으면, 다른 무엇을 곱해도 답은 반드시 「0」이 되는 것처럼, 「시간」, 「돈」, 「장소」 중 하나라도 「0」이 되면 도박은 「0」이 되는 것입니다.

계기 빅 3

계기 = 도박을 하기 위한 시간

원포인트 현대에는, 스마트폰으로 짧은 시간에도 도박을 할 수 있습니다. 일하는 중간에도 도박을 할 수 있기 때문에, 스마트폰을 이용한 도박은 시간에 대한 대처가 어렵습니다. 이 경우에는 일하는 중간의 "시간"에 스와이소우(P.25)를 도입하거나, 스마트폰 자체를 대처하는 방법(피처폰으로 변경하는 등)도 한 가지 방법입니다.

돈 = 도박에 사용할 돈이나 돈에 접근할 수 있는 수단

원포인트 최근에는, 온라인 계좌를 통해 도박을 하는 경우도 있습니다. 이 경우에는, 인터넷 계좌 자체를 해지하는 등의 방법도 효과적입니다.

장소 = 도박장이나 인터넷 투표를 할 수 있는 사이트

원포인트 최근에는, 스마트폰을 통해 도박을 할 수 있는 시대 입니다. 인터넷 투표 사이트라는 장소가 계기가 되는 경우에는, 그 사이트에 들어가지 않거나 이용 규제를 거는 등의 방법이 효과적입니다. 스마트폰 자체를 대처하는 방법도 한 가지 방법입니다.

계기를 피하는 방법의 포인트

계기 빅3를 모두 피하는 것은 매우 많은 에너지와 시간이 필요합니다. 따라서, 우선 접근하기 쉬운 계기 하나에 집중하여 그 계기에 대한 대처에 집중하는 것부터 시작할 것을 권장합니다.

020

여기서는 도박 행위가 성립하기 위해 반드시 필요한 절대 조건을 「계기 빅3」로 소개하고 있습니다.

제2회 세션의 **과제 3**(62페이지)을 수행하기 전에, 내용을 확인함으로써, 계기를 피하기 위한 방법을 생각하는 힌트가 될 수 있으니 활용해 주세요.

SAT-G에서는, 제2회 세션의 **과제 4**(64~66페이지) 「도박에 대한 생각을 끊는 대처법(사고 정지법)」으로, 스와이소우와 수식관을 소개하고 있습니다. 스와이소우와 수식관은 약간의 공간만 있으면 간단히 할 수 있으므로, 제2회 세션에서 소개할 때, 책 말미의 텍스트를 참고하여, 당사자와 함께 실천해 봅시다.

매번 체크인할 때 긴장을 풀기 위해 스와이소우를 하고, 체크아웃할 때는 불안한 마음을 가라앉히기 위해, 스와이소우로 몸을 가볍게 움직인 후, 수식관을 하는 것이 좋습니다.

매번 세션에서는, 「오늘의 과제」에, 그동안의 도박을 되돌아보는 과제가 포함되어 있습니다. 그 때문에, 도박의 계기를 당겨, 불안한 마음이 들 수 있습니다. 그렇기 때문에, 체크아웃 시 스와이소우와 수식관이 중요하다고 생각합니다.

부록 2

도박에 대한 생각을 끊는 대처 ①

스와이소우(甩手:손을 뿌리치듯 흔든다는 의미)

스와이소우는 양팔의 힘을 빼고 흔들어, 근육과 관절을 풀어주는 운동의 총칭으로, 기공이나 태극권의 준비 운동으로 행해집니다. 원래는 중국 무술의 훈련법 중 하나였으나, 팔의 힘을 빼고 흔드는 간단한 운동이기 때문에, 누구나 할 수 있습니다. 도박에 대한 생각을 끊는 대처로도 활용할 수 있습니다. 5분~15분 정도 계속하는 것이 포인트입니다. 아래의 두 가지 스와이소우를 소개하니, 자신에게 맞는 방법을 시도해 보세요.

방법: 앞뒤로 흔드는 스와이소우

① 발을 어깨 너비로 벌립니다. 두 발이「ハ」자나 역「ハ」자가 되지 않도록 평행하게 합니다.

② 팔과 어깨의 힘을 빼고, 팔을 앞뒤로 흔듭니다.

(앞으로는 3, 뒤로는 7 정도의 큰 힘으로, 뒤로 더 크게 흔드는 것이 좋습니다)

방법: 방법: 비트는 스와이소우

③ 팔의 힘을 뺀 채 허리를 비틀어 몸통을 축으로 회전시킵니다.

④ 몸에 달라붙듯이 팔을 흔듭니다.

020

- 여러 사람이 함께 할 때, 눈을 뜨고 하면 다른 사람의 속도에 영향을 받아, 자신이 진정으로 편안하게 느끼는 속도로 할 수 없는 경우가 있습니다. 그럴 때는, 가볍게 눈을 감고 하면 좋습니다.
- 자신이 진정으로 기분 좋게 느끼는 손 흔드는 속도를 찾으면서 계속 흔들면, 지루하지 않게 계속할 수 있습니다.
- 머리에 피가 몰린 「기역」이라고 불리는 상태에서 손을 계속 흔들면 기를 내리고, 발바닥이나 손끝에서 기를 방출하는 이미지를 가지면 좋습니다.

- 허리에 닿는 손의 감촉을 즐기면서 계속 흔들면, 지루하지 않게 계속할 수 있습니다.
- 아이 장난감인 덴덴 북(땡땡이)처럼, 몸통을 비틀면 저절로 팔이 따라오는 이미지를 가지면, 팔의 힘이 빠져, 어깨 결림에도 좋습니다.

부록 3

도박에 대한 생각을 끊는 대처법 ②

수식관

「수식관」이란, 조용히 자신의 호흡을 세면서 관찰하는 것을 말합니다. 인도에서 오래전부터 행해졌던 수행 방법이 불교와 함께 중국에 전해지고, 더 나아가 일본에 전해졌다고 합니다. 도박에 대한 생각을 끊는 대처법으로도 활용할 수 있습니다. 5분 정도 지속하는 것이 포인트입니다. 꼭 시도해 보세요.

방법

- 의자에 얕게 걸터앉아, 가볍게 자세를 바로 합니다.
- 입으로 천천히 숨을 내쉬는 것을, 3번 반복합니다. 들이쉬는 숨은 자연스럽게 합니다.
- 다시 한 번 가볍게 자세를 바로 합니다.
- 여기서부터는 코로 호흡을 합니다. 코로 숨을 내쉬고, 코로 숨을 들이쉬는 자신을 관찰합니다. 코로 숨을 내쉬고 들이쉬는 것을 하나의 단위로 하여, 「하나」, 「둘」이라는 식으로 마음속으로 셉니다.

- 코로 숨을 내쉬고, 들이쉬는 것을 10까지 세고, 다시 1로 돌아와 다시 10까지 셉니다. 이것을 5분 정도 반복합니다.
- 호흡을 세고 있을 때 도박 등의 생각이 떠오르거나, 외부의 소리에 주의가 끌리면, 그런 자신을 "안 돼"라고 부정하지 말고, 자신에게 부드럽게 "괜찮아"라고 마음속으로 말하고, 조용히 1로 돌아갑니다.
- 끝낼 때는, 스트레칭 등으로, 마무리하면 좋습니다.

026

부 록 4

달력 사용법

달력 사용법

(1) 사용법

① 매일 밤 자기 전에, 하루를 돌아보고, 아래 상황에 가장 가까운 스티커를 붙여주세요.
- 파란 스티커: 도박을 하고 싶다는 생각이 들지 않은 안전한 하루였다.
- 노란 스티커: 도박을 하고 싶다는 생각이 들었지만(또는 도박 생각이 스쳤지만), 참았다.
- 빨간 스티커: 도박을 했다.

② ① 노란색이나 빨간색 스티커를 붙일 때는, 그 계기가 된 사건도 아는 범위 내에서 간단히 적어주세요.
예:「상사에게 꾸중 들었다」,「부부싸움 했다」,「축하할 일이 있었다」 등

③ 빨간색 스티커를 붙일 때는, 도박의 종목, 소비한 시간, 최초의 예정 금액, 승패 차액을 기재해 주세요.

(2) 스티커를 붙이는 포인트

- 노란색이나 빨간색 스티커를 붙이는 것이 결코 나쁜 것은 아닙니다. 거기에서 많은 발견이 있을 수 있습니다.
- 중요한 것은, 자신에게 정직하게 스티커를 붙이는 것입니다.

027

달력

월

1	2	3	4	5	6	7
8	9	10	11	12	13	14
15	16	17	18	19	20	21
22	23	24	25	26	27	28
29	30	31				

028

부록 5

예정표

memo

프로그램 예정

세션	예정일	실시 후의 사인 (스텝 기입)
제 1회	월 일 ( ) :	
제 2회	월 일 ( ) :	
제 3회	월 일 ( ) :	
제 4회	월 일 ( ) :	
제 5회	월 일 ( ) :	
앙코르	월 일 ( ) :	

029

「프로그램의 일정」은 프로그램의 스케줄 관리에 활용해 주세요. 각 세션 수강 후에는 실시자가 실시를 증명하는 사인을 하고, 더불어 당사자가 다음 실시 일시를 기입해 주시기 바랍니다.

이 표를 활용함으로써 프로그램의 진행 상황을 파악할 수 있고, 프로그램의 전망이 서기 때문에, 당사자가 프로그램 수강의 동기 부여를 유지하기 쉽습니다

제 4 장

SAT-G 라이트의 개요

제1절 SAT-G 라이트 개요

SAT-G 라이트는, 전체 6회로 구성된 SAT-G 프로그램을 3회로 간소화한 프로그램입니다. 3회의 내용을 SAT-G와 동일하게 월 1회씩 진행합니다. 이 프로그램의 대상은 도박장애뿐만 아니라, 지적 장애, 발달 장애, 조현병 등 다른 질환이나 장애가 중복된 사람들입니다. 또한, 전체 6회의 SAT-G 프로그램을 수용하기 어려운 사람들을 위한 간이 개입으로 SAT-G 라이트를 활용하는 것도 가능합니다.

SAT-G 라이트의 내용은, 첫 번째 회차에서 향후 목표를 설정하고, 두 번째 회차에서 도박을 피하며 생활하기 위한 구체적인 방안과 대처 방법을 논의하며, 세 번째 회차에서는 만약 도박을 재개했을 경우, 누구에게 상담할지를 논의하는 순서로 이루어진 간단한 내용입니다[도표 4-1].

도표 4-1 SAT-G 라이트의 구성

섹션	테마	내용
제 1회	당신의 도박에 대해 정리해 봅시다	앞으로의 목표를 설정하다.
제 2회	계기에서 재개에 이르는 길과 대처	도박에서 벗어난 생활을 하기 위해 구체적인 연구나 대처를 검토하다.
제 3회	회복을 위해 ~ 정직함과 동료들 ~	도박 재개 시 누구와 상담할 것인지 검토하다.

제2절 SAT-G 라이트 개발 배경

저희는, 2015년에 도박장애 지원 프로그램인 SAT-G를 개발했습니다. SAT-G를 도입한 이후 도박장애 상담이 급격히 증가했으며, 복지 관계 기관이나 정신과 의료 기관 등 관계 기관으로부터 소개받는 사례도 증가했습니다[도표 4-2, 도표 4-3].

관계 기관에서 소개받은 사례로는, 예를 들어「통원 치료 중인 사람이 도박에 빠져, 장애 연금을 받자마자 바로 써버린다」거나,「시설에 다니는 사람이 도박에 빠져, 출석이 뜸해진다」,「금전 관리 사업을 이용 중인 사람이, 생활비를 받자마자 며칠 만에 도박에 써버린다」는 등의 내용이 있습니다.

도표 4-2 신규 방문 상담의 증가

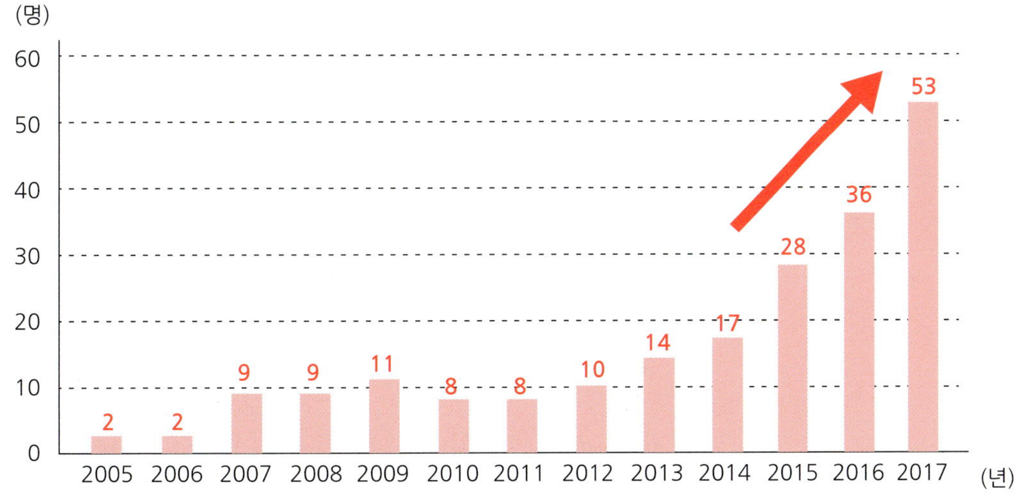

출처: 시마네현립 마음과 몸의 상담 센터 「지원 프로그램을 활용한 도박 등 의존증 지원의 노력」
(https://www.kantei.go.jp/jp/singi/gambletou_izonsho/setsumeikai/dail/siryou9.pdf)

도표 4-3 중복 장애가 있는 경우의 증가

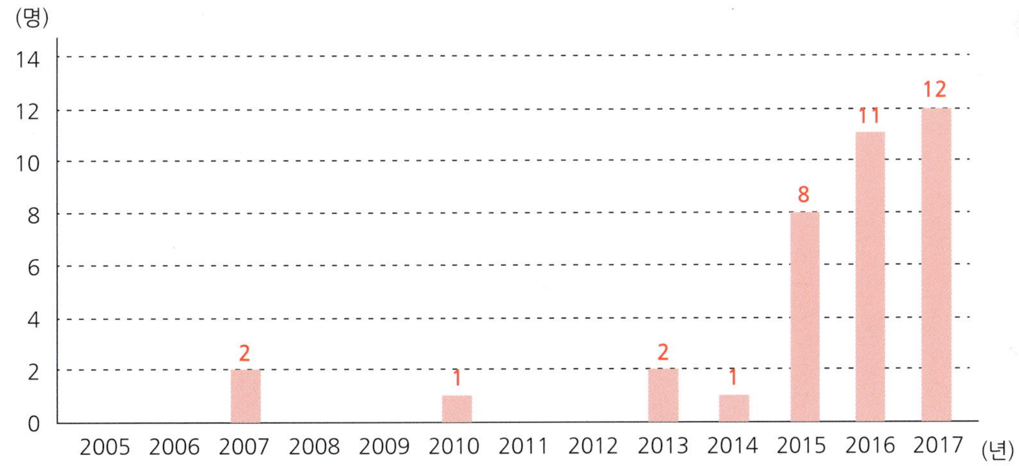

출처: 시마네현립 마음과 몸의 상담 센터 「지원 프로그램을 활용한 도박 등 의존증 지원의 노력」
(https://www.kantei.go.jp/jp/singi/gambletou_izonsho/setsumeikai/dail/siryou9.pdf)

관계 기관으로부터 소개받는 사례에 공통된 점은, 제1장 제7절에서 소개된 도박장애의 유형 분류에 따르면, 대부분이, 유형Ⅱ(다른 정신장애 선행형) 또는 유형Ⅲ(성격 등 문제형)에 해당하며, 주로 조현병이나 발달 장애, 지적 장애 등의 진단(중복 장애)이 있는 사람들입니다.

SAT-G 라이트를 개발하기 전에는, 중복 장애가 있는 사람들도 SAT-G를 수강했으나, SAT-G를 진행하면서, 두 가지 과제가 드러났습니다.

첫 번째 과제는, 중복 장애가 있는 당사자 중, SAT-G의 내용을 이해하기 어려운 사람들이 있어, 이러한 사람들을 위해 「더 간단하고 이해하기 쉬운 프로그램이 필요하다」는 점입니다. 두 번째는, 「지역 복지 관계 기관 등의 의존증 지원에 익숙하지 않은 기관에서도, 보다 쉽게 실시할 수 있는 프로그램이 필요하다」는 과제입니다. 나도 현직 정신보건복지센터에 오기 전을 떠올리면, 「도박으로 생활

보호비와 장애연금을 바로 써버려서 생활 곤궁에 빠지는 사례」는 여러 번 경험한 적이 있었기 때문에, 아마 지역을 파헤치면, 비슷한 사례가 얼마든지 있을 것이라고 상정하고 있었습니다. 한편, 도박장애 전문 기관의 수에는 한계가 있는 것이 현실입니다. 도박으로 곤란하신 분 모든 것을 전문기관에서만 받아들이는 것이 아니라, 기존에 관련된 기관이 소속된 기능의 범위 내에서, 평소 상담 지원에 플러스알파로 실시할 수 있는 프로그램이 있다면, 적지 않게 도박으로 어려움을 겪고 있는 분들에게 최소한의 지원이 전달될 수 있지 않을까 생각하여, SAT-G 라이트를 개발하기에 이르렀습니다.

제 3 절 SAT-G 라이트의 활용에 대하여

저희는, 유형 II(다른 정신장애 선행형) 및 유형 III(성격 등의 문제형)에 해당하며 복지 서비스를 이용하는 분들에게, 개별 면담을 통해 SAT-G 라이트를 실시하고 있습니다. SAT-G 라이트의 목표는, ① 도박에서 벗어난 삶을 되찾기 위한 구체적인 대처 행동을 프로그램을 통해 정리하고, ② 프로그램 종료 후에도, 프로그램에서 배운 대처 행동을 실천에 옮겨, 도박 문제의 경감을 도모하는 것입니다. 따라서 프로그램 종료 후에 프로그램에서 배운 것이 활용되는 것이 매우 중요합니다.

그러나, 이 과정을 유형 II나 유형 III의 당사자가 혼자 지속하는 것은 매우 어렵습니다. 따라서, 프로그램 종료 후의 지속적인 지원을 위해, 동반자처럼 지원해 줄 지역의 지원가가 필요합니다. SAT-G 라이트를 실시할 때에는, 프로그램 종료 후의 지원을 염두에 두고, 지역에서 당사자와 관련된 관계 기관의 지원가가 있다면, 당사자의 동의를 얻은 후, 지원가가 프로그램에 동석할 것을 요청하고 있습니다. 프로그램에 동석함으로써, 지원가가 프로그램 종료 후에도 SAT-G 라이트의 개념을 참고하여 지원할 수 있도록 부탁드리고 있습니다.

또한, 지원가가 프로그램에 동석함으로써, 직접 SAT-G 라이트의 노하우를 전할 수 있어, 지원가의 인재 육성에도 기여할 수 있습니다. 지원가들 간의 얼굴을 아는 관계를 형성하고, 지역의 연계 강화에도 도움이 될 것이라고 생각합니다. 덧붙여, 저희는 지역의 관계 기관에서, 더 널리 SAT-G 라이트를 활용할 수 있도록, 2018년도부터 SAT-G 라이트의 사용 방법을 배우는 연수를 매년 1회 개최하여, 지역의 인재 육성에도 힘쓰고 있습니다.

제 5 장

우리가 SAT-G를 개발한 이유

SAT-G 개발의 경위

이 장에서는, 우리가 왜 이 프로그램을 개발했는지에 대해 설명합니다. 우리가 근무하는 시마네현립 마음과 몸의 상담 센터는, 전국의 도도부현, 정령지정도시에 설치된 69곳의 정신보건복지센터 중 하나로, 현민들의 마음의 상담을 받는 기관입니다. 그 일환으로, 2005년 4월 개설 이래로, 도박 문제에 관한 당사자 및 가족의 상담을 받아왔습니다. 개설 초기 8년 동안은, 당사자와 가족을 합쳐도 방문 상담은 연평균 10건 정도였습니다. 그러나, 2013년도부터, 홈페이지를 중심으로 한 홍보에 힘을 쏟은 결과, 방문 상담 건수가 2013년도에 15건, 2014년도에 18건, 2015년도에 32건으로 급증했습니다.

방문 상담 건수가 증가하는 한편, 다음 세 가지 과제가 부각 되었습니다.

① 첫 상담에 당사자가 방문하지 않는 것

② 가족이 상담을 와도, 당사자의 방문으로 이어지지 않는 것

③ 당사자가 방문해도, 1, 2번 방문한 후 상담이 끊어지는 것

이에 대해, 방문한 당사자의 의견을 들은 결과, 「상담을 해도 도박을 그만둘 수 있을 것 같지 않다」, 「어떤 서비스를 제공받을 수 있는지 모르겠다」, 「언제까지 상담을 다녀야 할지 예측이 안 된다」는 등의 기탄없는 의견을 받았습니다. 그래서 우리는 「명확하게 구조화되고, 횟수, 시간, 내용이 정해진 회복 프로그램을 준비하고, 이를 홍보하면, 그 수강을 목적으로 당사자가 방문해줄 것」이라고 생각했습니다.

그래서, 약물 의존 당사자를 대상으로 한 인지 행동 치료 프로그램인 SMARPP를 바탕으로, 도박장애를 위한 프로그램으로 개편하기로 했습니다. 당시, 몇몇 정신보건복지센터에서는 SMARPP 및 그 단축판인 TAMARPP(도쿄도립 다마 종합 정신보건복지센터에서 개발)가 시행되고 있었으며, 그 프로그램에, 약물 의존 당사자와 함께, 도박장애 당사자도 참여해, 효과를 보고 있었습니다.

그러나, SMARPP의 텍스트는, 약물 의존 당사자를 위한 것이므로, 그 내용을 도박장애 당사자에게 맞게 변경하는 것은, 상당히 어려운 작업이었습니다. 예를 들어, 약물 의존 당사자에게는 약물을 녹여 주사하기 위한 생수 병이 계기가 되지만, 도박장애 당사자에게는, 편의점 화장실 가는 길에 보이는 파친코 잡지가 유혹의 원인이 됩니다. 우리는, SMARPP의 개발자인 마츠모토 토시히코 선생과 연락을 취해, 조언을 받으면서, SMARPP 텍스트의 모든 내용을 검토하고, 도박장애에 맞게 취사선택과 개편을 통해, 프로그램을 작성했습니다. 그리고 작성 도중에, 당사자들로부터 귀중한 피드백을 받았습니다.

이렇게 해서, 2015년 11월에, SAT-G 프로그램이 탄생했습니다. 프로그램의 횟수는, 당사자로부터의 「낮에 일하느라, 휴가를 내고 프로그램에 참여하는 것은 월 1회가 한계. 다니는 것도 최대한 6개월까지로 해달라」는 의견을 바탕으로, 총 5회, 앙코르 세션을 포함하여 6회로 했습니다. 그리고 이 횟수에 맞추어, 내용도, 도박의 재발의 원인을 식별하고, 이를 철저히 피하는 것, 도박의 갈망이 일어났을 때, 이를 진정시키기 위한 구체적인 대처법을 배우는, 두 가지를 중심으로 한 간결한 것으로 했습니다.

SAT-G 시행의 효과: 방문자 층의 변화

이러한 경위로, 2015년 11월에 SAT-G를 도입한 결과, 매우 기쁜 변화가 있었습니다. 도입 전후로, ① 신규 상담 중 첫 상담 시 당사자가 등장한 케이스가 32.4%에서 59.2%로 상승했으며[도표 5-1], ② 첫 상담자가 당사자가 아닌 케이스 중, 동일 연도 내에 당사자가 방문으로 이어진 케이스가 12.7%에서 35.7%로 상승했습니다[도표 5-2]. 또한, ③ 당사자의 지속 상담율(3회 이상 방문)도 18.6%에서 72.4%로 상승했습니다[도표 5-3]. 이 이유로는, 구조화된 프로그램을 제시함으로써, 가족이 당사자에게 센터 방문을 권유하기 쉬워진 것, 또한 당사자도, 구조화된 프로그램을 제시받음으로써, 방문하거나, 지속 상담할 동기가 높아진 것이 생각됩니다.

SAT-G 시행의 효과: 프로그램 수강자의 변화

SAT-G 프로그램 수강자에게도, 예상 이상의 변화가 있었습니다. 이는 프로그램을 시작한 2015년 11월부터 2017년 3월 말까지의 1년 5개월간의 데이터입니다만, 프로그램에서의 탈락자는, 22명 중 1명으로, 매우 적은 결과가 나왔습니다[도표 5-4].

그리고 종료 시에는, 이미 도박을 끊은 사람이 4분의 3, 절도박을 한 사람이 4분의 1이라는 결과가 나왔습니다[도표 5-5].

도표 5-1 SAT-G 개신 전후에 있어서의 첫 회부터 본인이 방문하는 비율의 변화

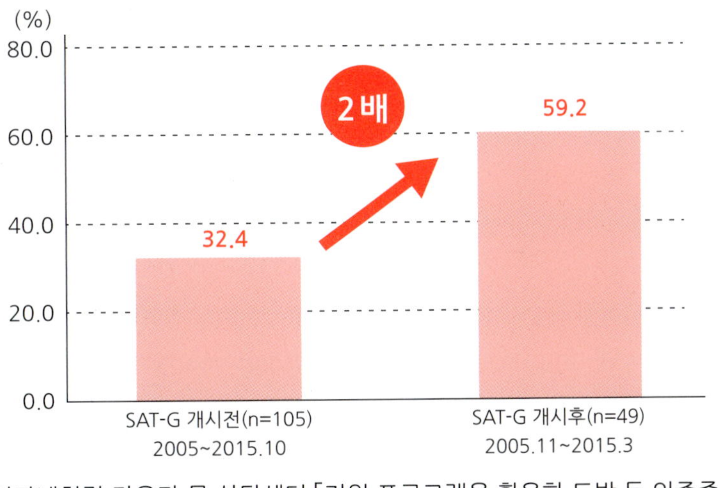

출처: 시마네현립 마음과 몸 상담센터「지원 프로그램을 활용한 도박 등 의존증 지원의 노력」(https://www.kantei.go.jp/jp/singi/gambletou_izonsho/setsumeikai/dail/siryou9.pdf)

도표 5-2 SAT-G 개시 전후의 가족 방문이 본인 방문으로 이어지는 비율의 변화

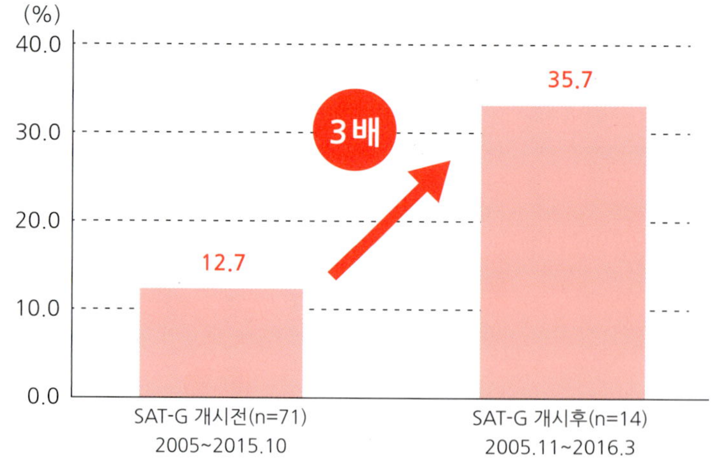

출처: 시마네현립 마음과 몸 상담센터「지원 프로그램을 활용한 도박 등 의존증 지원의 노력」(https://www.kantei.go.jp/jp/singi/gambletou_izonsho/setsumeikai/dail/siryou9.pdf)

도표 5-3 SAT-G 개시 전후의 본인 상담 계속율 변화

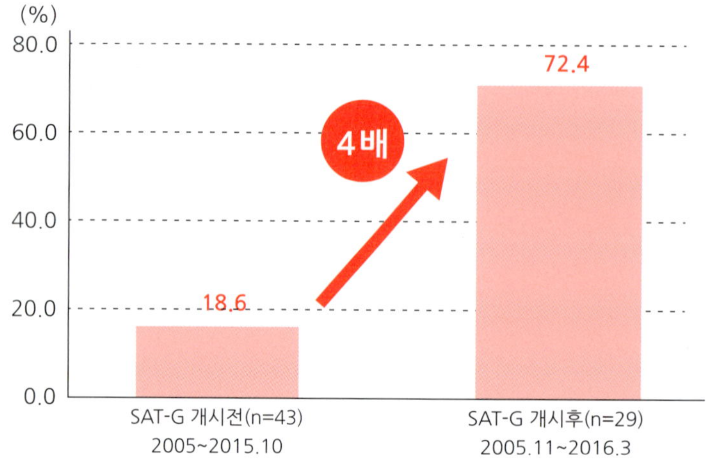

출처: 시마네현립 마음과 몸 상담센터「지원 프로그램을 활용한 도박 등 의존증 지원의 노력」(https://www.kantei.go.jp/jp/singi/gambletou_izonsho/setsumeikai/dail/siryou9.pdf)

또한, 이 절제 도박을 한 사람에 대해서도, 최근 1개월의 도박 빈도, 사용 시간, 금액의 3가지에 관해, 각각 프로그램 시작 전과 비교해 대폭 감소했습니다**[도표 5-6]**. 예를 들어 금액에 대해서 말하면, 월에 도박에 200만 원을 사용하던 사람이, 프로그램 종료 후에는 월에 사용하는 금액이 40만 원이 되는 등, 절도박을 했던 5명 모두에서 월에 도박에 사용하는 금액이, 프로그램 전의 20% 이하로 대폭 개선이 나타났습니다.

도표 5-4 프로그램의 실시 상황(n=22)

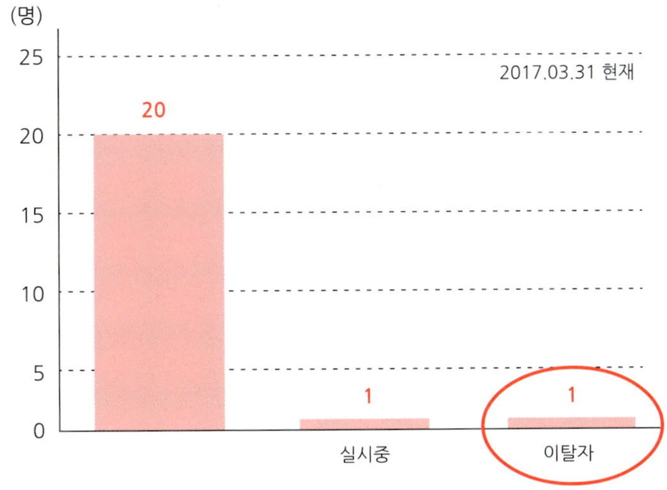

출처: 시마네현립 마음과 몸 상담센터「지원 프로그램을 활용한 도박 등 의존증 지원의 노력」(https://www.kantei.go.jp/jp/singi/gambletou_izonsho/setsumeikai/dail/siryou9.pdf)

도표 5-5 프로그램 수강자 수료 시 도박 상황(n=20)

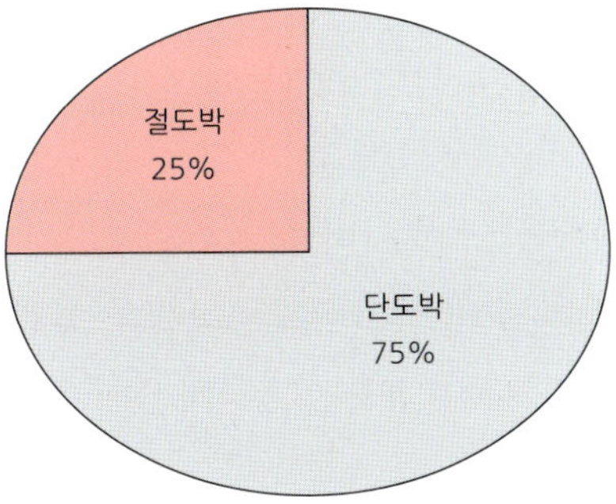

출처: 시마네현립 마음과 몸 상담센터「지원 프로그램을 활용한 도박 등 의존증 지원의 노력」(https://www.kantei.go.jp/jp/singi/gambletou_izonsho/setsumeikai/dail/siryou9.pdf)

도표 5-6 절도박자의 프로그램 개시전·수료시의 과거 1개월간의 도박의 상황(n=5)

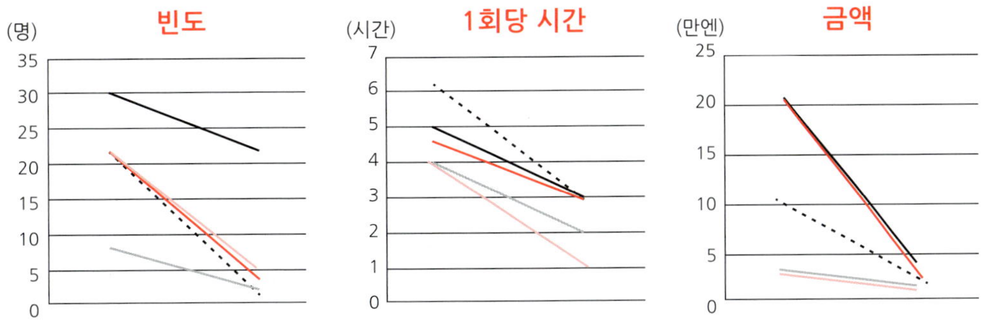

출처: 시마네현립 마음과 몸 상담센터「지원 프로그램을 활용한 도박 등 의존증 지원의 노력」(https://www.kantei.go.jp/jp/singi/gambletou_izonsho/setsumeikai/dail/siryou9.pdf)

SAT-G 프로그램의 보급

제1장에서 언급한 바와 같이, 2016년 12월 15일에, 특정 복합 관광 시설 구역의 정비 촉진에 관한 법률(이른바 IR 추진법)이 제정되었고, 그 부대 결의에서, 「도박 등 의존증 환자에 대한 대책을 근본적으로 강화할 것」, 「도박 등 의존증 환자의 상담 체계와 임상 의료 체계를 강화할 것」이라고 명시되었습니다. 이를 토대로, 2016년 12월 26일에, 제1회 도박 등 의존증 대책 추진 관련 각료 회의가 개최되어, 각 부처가 각각 시행할 예정인 도박 등 의존증에 대한 대책을 발표했습니다. 그 자리에서, 후생노동성은, 전국의 도도부현, 정령시(정령 지정 도시)에 도박 등 의존증의 상담 거점을 67곳 마련할 것, 그 상담 거점으로는, 전국의 도도부현, 정령시에 있는 정신보건복지센터 등을 활용할 것이라고 발표했습니다.

하지만, 2016년 12월에 전국의 정신보건복지센터를 대상으로 실시한 설문 조사에 따르면, 도박장애에 대해 전문적인 상담을 하고 있는 센터는 69개 센터 중 38개 센터(55.1%)에 불과했습니다. 또한, 의존증에 대해 SMARPP 유사한 회복 프로그램을 시행하고 있는 센터는 32개 센터였으나, 그 중에서 프로그램을 도박장애 당사자에게 적용하고 있는 곳은 13개 센터에 불과했습니다(도박장애 단독 4개 센터, 다른 의존증과 공동 9개 센터). SMARPP 유사 프로그램을 도박장애 이외의 의존증에 시행하고 있지만, 도박장애에는 적용하지 않는 19개 센터에 그 이유를 물었을 때, 가장 많은 이유는 직원의 기술 문제(6개 센터), 다음으로는 교재 문제(5개 센터)였습니다.

이로부터, 전국의 정신보건복지센터가, 상담 거점으로서의 역할을 충분히 할 수 있도록, 도박장애에 특화된 인지행동치료 프로그램의 사용법에 관한 교육에 대한 필요성이 있다고 판단되었습니다. 이에 따라, 요코하마시 마음의 건강 상담 센터의 시라카와 교토 센터장의 지도 아래, 2017년도부터, SAT-G 프로그램의 사용법 연수를 전국의 정신보건복지센터 직원을 대상으로 시행하게 되었습니다 **[도표 5-7]**. 2017년도부터 2018년도는 AMED(국립연구개발법인 일본의료연구개발기구)의 마츠시타

도표 5-7 전국의 정신보건복지센터 직원을 대상으로 하는 SAT-G 사용법 연수

- 2017년도: 요코하마, 후쿠오카
- 2018년도: 시나가와, 후쿠오카
- 2019년도: 도쿄, 오사카
- 2020년도: 센다이, 요코하마, 시마네(zoom)
  효고, 후쿠이, 나가노, 시즈오카(zoom)
  전국(zoom) ×2회
- 2021년도: 전국(zoom) ×2회 (그 중 1회는 SAT-G 라이트를 활용한 연수)
- 총 617명이 수강 (※2021년 11월 말 현재)

연구팀의 분담 연구로, 그리고 2019년도부터 2021년도는 후생 노동과학연구 마츠시타 연구반의 분담 연구로 진행되었습니다. 이들 연구에서는, 프로그램의 보급과 병행하여, 프로그램 수강자 및 실행자로부터의 의견을 반영하여, 프로그램의 지속적인 개정에도 힘썼습니다.

2017년도부터 2019년도에 걸쳐 SAT-G 프로그램의 사용법 연수를 각각 2회씩 실시하였고, 2020년도부터 2021년도에 걸쳐서는 신종 코로나바이러스 감염증의 영향도 있어, 원격으로 6회 실시하여 총 617명이 수강했습니다. 그 결과 2022년 1월 현재, 전국의 정신보건복지센터 69곳 중 61곳(88%)에서 SAT-G 프로그램 또는 그 일부가 활용되고 있습니다.

참고 자료

- AMED「도박장애의 역학 조사, 생물학적 평가, 의료, 복지·사회적 지원의 방향에 관한 연구」(연구 책임자 마츠시타 유키오), 분담 연구「보건복지적 지원의 방향에 관한 연구「(연구 책임자 시라카와 노리토)
- 후생노동과학연구「도박 등 의존증의 치료 · 가족 지원에 관한 연구」(대표 연구자 마츠시타 유키오), 분담 연구「정신보건복지센터에서의 회복 프로그램의 효과 검증 연구」(연구 책임자 시라카와 노리토)**

마 치 며

의존증 경험을 통한 깨달음

글을 쓰는 마지막에, 저 자신의 의존증 경험을 통한 깨달음을 쓰고 싶습니다. 저는, 현직인 시마네현립 마음과 몸 상담 센터(정신 보건 복지 센터)에 부임한 2012년 당시, 심한 니코틴 의존이었습니다(TDS 니코틴 의존도 테스트 10점 만점 중 8점. 5점 이상이 니코틴 의존증으로 진단된다. 후생노동성 생활습관 질병예방을 위한 건강정보 사이트 참조). 그 시점에서, 습관적으로 흡연을 하게 된 지 10년 이상이 경과하고 있었습니다. 그동안 수도 없이 금연을 시도했다. 때로는, 금연패치, 금연껌, 금연파이프, 금연담배(니코틴 함유 없는 담배), 금연서적 등, 금연을 위한 모든 방법을 시도해 보았지만, 3일 동안 금연을 할 수는 없었습니다. 어떤 때는, 내과 선생님으로부터 '이대로라면 언젠가, 폐기종이 된다'고 위협을 받은 적도 있었지만, 그래도 금연하기에 이르지 못했습니다. 결혼을 계기로 금연 외래를 다니며, 금연 보조 약을 처방받고 3개월 동안 금연을 한 적이 있었습니다. 그러나 처가 친정 출산으로, 잠시 혼자 있던 기간에 1개 정도면 이라는 생각으로 피웠다가 그것이 계기가 되어, 원래의 흡연 습관으로 돌아가, 금연 외래도 드롭 아웃해 버렸습니다. 이 때, 흡연경험자의 평가는 '3개월이나 노력했다'로, 흡연 경험이 없는 분의 평가는 '단 3개월 만에 포기하다니 의지가 약하다'와 같은 정반대의 평가였습니다. 여기까지에서 말했듯이, 인생에 금연 맹세나 실제 도전은 몇 번이나 했지만, 무엇 하나 달성되는 것은 없었습니다. 금연을 맹세할 때의 그만두고 싶다 라는 생각은 결코 거짓말이 아니라, 진심으로 생각하고 있습니다만, 시간이 지남에 따라, 불안이나 초조감등의 이탈 증상이 생겨, 안절부절 못하게 된다. 비유하자면, 사막에서 수분을 섭취하지 않고 떠돌아다니며 간절히 물을 원하는 나그네와 같은 상황입니다. 금연 도전 실패를 거듭하다 나는 자신감을 잃고, '무엇을 해도 담배를 끊을 수 없다'고 생각하고, 덧붙여 나를 '의지가 약한 인간이다'라고 생각하게 되었습니다.

그런 제가 금연하는 계기가 된 것은, 2012년 가을에, 직장 선배의 권유로 직장 금연 프로그램에 참여한 것입니다. 처음에는, 수많은 좌절 체험으로부터 금연이라니 절대로 잘 되지 않는다 라는 포기와, 담배없는 인생에 대한 강한 불안감이 있어 프로그램 참가는 원하지 않았지만, 고집 센 선배의 권유를 거절할 수 없었다는 단순한 이유로, 프로그램에 참여할 수밖에 없는 상황이 되었습니다. 속으로는 '참석하는 척만 하고, 숨어서 피우면 된다'고 생각하기까지 했습니다. 금연 프로그램은, 반년 간의 프로그램으로, 프로그램 중 보건 직원의 근황 확인 메일과, 금연을 목표로 하는 당사자의 그룹워크가 1회만 진행된다 라는, 간이 개입 프로그램이었습니다. 그룹에 참가한 것은, 2013년 1월 10일입니다. 이 날, 의욕이 없는 저는, 그룹에 참가하기 전에, 담배는 끝이다 라고 흡연소에서 담배를 3개비 연달아 피우며 그룹 워크에 임했습니다. 금연을 원하는 사람들이 참여하는 그룹이기 때문에, 금연 의욕이 낮은 저는 그룹에 참여할 때 다소 꺼림칙한 마음이 들었습니다. 그러나 그룹에 참가하고 있던, 6명의 멤버의 대부분이, 저와 마찬가지로 흡연소에서 담배를 피우고 참가한 것이었습니다. 한편, 그러한 멤버를 프로그램의 직원은 비난하는 일은 없었습니다. 프로그램 중에 멤버는, 금연을 과거에 여러 번 시도했지만 잘 되지 않았던 경험을 이야기하셨습니다. 나와 똑같은 경험이었다. 사람에 따라 받아들이는 방법은 다양하겠지만, 저는 담배를 끊을 수 없으면서도 프로그램에 참가하고 있는 멤버를 보고, '한 번 더 금연에 도전해 볼까'라는 용기가 생겼습니다. 이 그룹에 참가한 날 도중에, 다시 금연 외래를 다니며, 2013년 1월 19일부터 금연을 시작했습니다. 그리고 현재까지 9년째 금연을 계속하고 있습니다. 금연을 시작하고 1년간은 여러 가지 궁리를 했습니다. 흡연 시절에는 매일 편의점에서 담배를 구입했기 때문에, 편의점에 들어가지 않도록 했습니다. 또한 담배와 세트로 되어 있던 커피도 1년간 끊었습니다. 흡연소 부근을 지날 때는, 부류연을 피우지 않도록 숨을 멈춘다는 것도 유의했습니다. (이것은 SAT-G의 제2회 세션의 계기를 피하기 위해의 연구'에 해당합니다)

금연 후 3년이 경과했을 무렵에는, 편의점에 들어가도 담배에 대한 욕구는 솟아나지 않을 정도로 진정되었습니다. 금연 후 6년이 경과했을 무렵, 종합건강검진에서 폐활량 검사를 받았을 때, 결과가 연령 상당의 값보다 좋은 결과임을 알았습니다. 이전에, 내과 선생님으로부터 폐기종 직전의 상황이라고 들은 적도 있어, 폐활량 수치가 좋았던 것은 놀라웠습니다. 이때 처음으로 니코틴 의존으로부터 회복하고 있다 라고 느꼈습니다. 그러나 금연 시작 후 9년이 지난 지금도, 담배의 부류연을 피우거나, 편의점 계산대 뒤에 있는 담배가 눈에 들어오면, 담배에 대한 욕구가 솟아날 수 있습니다. 그때마다, 니코틴 의존에서 회복해도, 나은 것이 아니라, 한 대 피우면 원래의 흡연 습관으로 바로 돌아갈 것이라고 실감하고 있습니다.

자기 자신의 중독 경험을 통해, 깨달은 것이 네 가지 있습니다. 첫 번째는, 의외로 '사소한 것이라도 회복의 계기가 될 수 있다'는 것입니다. 제 계기는, 내과 선생님의 폐기종이 된다는 주의나, 어떤 밑바닥을 경험한 것이 아니라, 압박이 강한 선배로부터의 금연 프로그램의 추천이었습니다. 두 번째는, 그만두는 것을 전제로 한 프로그램이 아니더라도, 그만두는 것에 이를 수 있다 는 것입니다. 제가 참여한 프로그램은 금연하는 것이 바람직하다고 하면서도, 금연하는 것을 강요하지는 않았습니다. 금연하기로 결정한 것은 저이지, 직원이 아니었습니다. 세 번째는, 「누구에게나 회복의 가능성이 있다」는 것입니다. 내 담배 스토리는 이 원고로는 다 쓸 수 없을 정도의 체험이 있지만, 적어도 10년 이상 무엇을 해도 그만둘 수 없는 물질의존증이었던 저도 금연을 할 수 있었습니다. 또한 주위를 둘러보면, 저보다 골초였던 분이, 자신의 의지만으로 우연한 계기로 금연하고 있습니다. 그렇다면, 같은 의존증인 도박장애도 회복 가능성은 충분히 있다고 생각했습니다. 넷째, 회복이란 생활 속에서 실감하는 것입니다. 저에게 있어서는, 오랫동안 그만둘 수 없었던 담배를 '3년 끊었을 때'가 아니라, 6년 후의 종합 건강검진에서 문득 느낀 것처럼, 의존에서 떨어진 곳에서, 생활의 변화를 느꼈을 때 회복을 실감하는 것이라고 생각합니다. 회복의 실감을 했을 때, 담배를 '끊는' 것이 목표가 아니라고 느꼈습니다.

이상 저의 니코틴 의존 경험과 깨달음을 소개했는데, 저의 의존증 경험이, 도박장애 지원을 생각하는 원점에 있습니다. 제가 경험했듯이, 도박장애가 있는 당사자들도 별의 수만큼 도박을 하지 말자는 생각에 도전한 경험이 있습니다. 하지만 도박을 그만둘 수 없어서 힘들어하고 있다. 만약, 처음 만나는 동안, 지원가가 "도박 의존증이기 때문에, 도박을 그만해야 합니다."라고 말한다면 어떻게 생각할까요? 당신은, 자신의 괴로움은 모른다 라고 생각하는 것이 아닐까요. 아마 '그만둬야 해요' 라고 해서 그만둘 수 있는 분은, 그 지원자를 만나지 않아도, 그만두고 있을 거라고 생각합니다. 문제를 개선하기 위해서, 한 걸음을 내딛는 결단에 망설이고 있는 자신의 등을 밀어 주었으면 한다 라고 생각하고 있는 것은 아닐까요. 그렇다면, 우선 지금까지의 고생이나, 회복을 위해 상담하러 오신 것을 위로하면서, 회복의 계기가 되는 자조 그룹이나 지원 프로그램으로 유인하는 관계가 필요하다고 생각합니다. 저도 그만둘 생각이 없는 사이에 금연 프로그램을 시작해, 생각이 바뀌었듯이, 당사자도 자조 그룹이나 프로그램으로 이어지는 가운데, 생각이 바뀌는 것은 크게 기대할 수 있습니다.

사회복지사로서의 인식

나는, 현직에 부임하기 이전에는, 병원이나 지역에서 사회복지사를 하고 있었습니다. 사회복지사는, 장애인 상담지원 전문직으로, '개별화' '자기결정' '비심판적 태도' 등을 상담지원 규범으로 삼고 있습니다. 저도 임상에서 그 규범을 소중히 하면서 상담 지원에 임해 왔습니다. 그러나, 현직에 부임해 의존증 지원에 관계되게 되어, 그 중요하게 생각하고 있는 규범을 의존증 지원에도 활용하고 있을까 하고 자문자답했습니다. 나는 도박장애 지원에 관계되기 시작한 당초, 서적에서 얻은 벼락지식을 바탕으로 도박장애란 부인의 병 부인이 강한 사람은 문제와의 직면화가 필요 본인이 회복을 원하면 자조그룹에 연결한다 등으로 생각해, 눈앞에 있는 당사자를 개별화 하지 못했다고 생각합니다. 만난 당사자에게 어떻게 하고 싶은가 어떻게 되고 싶은가 를 충분히 묻지 않고, 단도박 을 안이하게 제공하고, 받아들이지 않으면 아직 자신의 병을 인정하지 않는다. 부인하고 있다 고 심판했다고 회고합니다. 자신이 금연 프로그램을 받은 초기에 직원으로부터 '담배는 백해무익하니, 금연하세요'라고 말하면 어떻게 생각했을까요? 담배의 해를 10년 이상 몸소 인체실험을 해 온 사람이라면, '담배를 피운 적이 없는 당신은, 내 괴로움은 모르겠다'고 생각했을 것입니다. 반대로 '담배를 피우면서도, 잘 오셨네요'라고 심판하지 않고 수용하면 어떨까요? 그런 것을 금연 프로그램을 받으면서 자신에게 묻고 있었습니다. 그 후, 많은 도박장애로 곤란해 하고 계신 분들과의 만남으로부터, 지금까지 사회복지사로서 소중히 여겨 온 규범을 실천해 가면 좋다 라고 생각해, 당사자와의 마주보는 방법이 크게 바뀌어 갔습니다. 그 생각을 지원의 형태로 만든 것이 SAT-G입니다. 지원가에게 있어서는, 이 SAT-G를 하나의 툴로서, 도박장애로 곤란을 겪고 있는 당사자와의 대화를 통해서, 도박장애에 대한 이해를 깊게 해 주시면 감사하겠습니다. 또한, SAT-G가 한 사람이라도 더 많은 도박장애로 어려움을 겪고 있는 분들의 회복에 일조하기를 바랍니다.

2022년 2월

사토오 히로시

감사

본서의 간행에 즈음해서는, 많은 분의 신세를 졌습니다. 우선, 우리가 개발한 SAT-G에 대해서, 흔쾌히 시행의 장소를 주신 시마네현립 마음과몸상담센터 직원 여러분께 감사드립니다. 국립 정신·신경 의료 연구 센터의 마츠모토 토시히코 부장에게는, SAT-G의 개발 단계로부터 현재에 이르기까지 지도를 받아 왔습니다. 감사 드립니다. 요코하마시 마음의건강상담센터의 시라카와 노리토 센터장과 카타야마 무네노리씨에게는, SAT-G의 전국에의 보급이나 SAT-G의 각종 연구에 있어 신세를 졌습니다. 감사드립니다. 그리고 중앙법규출판주식회사 제2편집부의 오오하시 타마미씨, 오오하시씨가 없었다면 본서는 존재하지 않았습니다. 감사드립니다. 그리고 가장 감사해야 할 것은, 다양한 에피소드를 솔직하게 이야기해 주신 당사자나 가족 여러분입니다. 여러분과의 만남 없이는, SAT-G를 작성할 수 없었습니다. 감사 드립니다. 마지막으로 그동안 귀중한 휴가를 통해 SAT-G 보급 활동에 힘쓰는 우리를 용서하고, 지지해준 우리 가족에게 감사의 말씀을 드리고자 합니다.

코바라 케이지 사토오 히로시

감수자·편저자 소개

마츠모토 토시히코

국립정신·신경의료연구센터 정신보건연구소 약물의존연구부 부장, 국립정신·신경의료연구센터 병원 약물의존증센터 센터장. 정신과전문의, 정신보건지정의, 정신과지도의, 정신보건판정의.
1993년 사가 의과대학 의학부 졸업. 요코하마시립대학 의학부 부속병원 정신과, 국립정신·신경의료연구센터 정신보건연구소 사법 정신의학연구부, 동 연구소 자살예방 종합대책 센터등을 거쳐, 2015년부터 현직.

[주요 저서] 『술과 우울, 자살 -「죽음의 트라이앵글」을 막기 위해』(이와나미 서점, 2014), 『자신을 해치지 않을 수 없는 자아상~회복하기 위한 힌트』(고단샤, 2015), 『만약 「죽고 싶다」고 말한다면』(중외의학사, 2015), 『잘 아는 SMARPP - 당신도 할 수 있는 약물 중독자 지원』(금강출판, 2016), 『약물 중독』(지쿠마신서, 2018), 『누구를 위하여 의사는 있다』(미스즈서방, 2021), 『세계에서 가장 착한 중독 입문』(하출서방신사, 2021) 외 다수.

코바라 케이지 (제1장, 제6장)

시마네 현립 마음과 몸 상담센터(정신보건복지센터) 소장. 정신과 전문의, 정신과 지도의, 정신보건 지정의.
1993년 도쿄대학 의학부 졸업. 도쿄 대학 의학부 부속 병원, 토라노몬 병원, 마츠자와 병원, 관동 의료 소년원등을 거쳐 2012년부터 현직.

[주요 저서]
『10대를 위한 낯가림과 사교불안의 워크북』(번역, 호시와서점, 2013), 『긍정심리학, ACT, 마인드풀니스 - 행복한 삶을 위한 7가지 기본』(감역, 호시와서점, 2019), 『진짜 의존증 이야기를 하자』(공저, 공감역, 호시와서점, 2019) , 『정신건강·패스트에이드 마음의 응급처치 매뉴얼과 그 활용』(공편, 창원사 , 2021)

사토 히로시 (제2장~제5장)

시마네현립 마음과 몸 상담센터 정신보건복지사
2003년 일본 복지 대학 사회 복지 학부 졸업. 마츠에시 정신장애자 지역 생활 지원 센터 액티브 요메시마, 시마네 현립 마음의 의료 센터를 거쳐 2012년부터 현직, 의존증 대책을 담당. 2015년 SAT-G(도박장애 회복 훈련 프로그램), 2018년 SAT-G 라이트 개발. 2021년부터 오사카 상업대학 공동 참가 연구소 촉탁 연구원.

[주요 논문]
「갬블 중독에 대한 인지행동요법 프로그램 이치시마네에서의 대처」, 『공중위생정보』(공저, 일본공중위생협회, 2017), 「J-GGPPQ(Japanese Version of the Gambling and Gambling Problems Perception Questionnaire)를 이용한 갬블 장애 지원가 연수의 효과 측정」, 『일본 알코올 관련 문제 학회 잡지』(공저, 일본 알코올 관련 문제 학회, 2019), 「갬블 등 의존증 지원에 있어서 시마네현 마스다권역의 대처」, 「보건사 저널」(공저, 의학서원, 2020), 「갬블 등 의존증 당사자 지원의 3층으로 나눈 인재육성 노력」, 「공중위생정보」(공저, 일본공중위생협회, 2020), 「마쓰에 보호 관찰소와 연계한 지원 대처」, 「갱생보호」(공저, 일본갱생보호협회, 2021)

도박장애 회복 훈련 프로그램 (SAT-G) 워크북

번역 박상운
감수 마츠모토 토시히코
편저 코바라 케이지, 사토 히로시

목 차

본 프로그램에서 사용하는 [도박]이라고 하는 용어는, 가능성의 대소를 불문하고, 우연이 결과를 좌우하는 게임, 경기, 그 외의 특별행사에 있어서, 금전이나 소유 재산의 손해 리스크를 내포하고 있는 행위를 가리킵니다.」

제 1 회 당신의 도박 상황을 정리해 봅시다

1 당신에게 도박의 매력은?

2 도박이 당신에게 어떤 결과를 주었나요?

단기적 결과

장기적 결과

3 도박이 당신에게 어떤 결과를 주었습니까?

	장점	단점
도박을 계속할 때		
도박을 그만두다		

4 당신의 목표?

앞으로 6개월 동안의 당신 도박에서의 목표는 A와 B 중 어느 쪽입니까? 해당되는 곳에 ○를 그려주세요.

☐ A. 단도박(도박을 그만둔다)

☐ B. 조절도박(아래의 정해진 방식으로만 도박한다)

- 1회 도박에 드는 돈과 시간의 상한:

  1회 ______ 원까지 걸고, ______ 시간까지 소비한다.

- 1개월간(30)일, 도박을 하는 일수 :

  1개월간 ______ 일 이내로 한다.

- 아래의 상황일 때만 도박을 한다.

  (예: 쉬는날, 집안청소를 한날, 가족에게 도박을 할 것을 알린 날)

[ ]

- 아래의 상황에서는 도박하지 않는다.

  (예: 일하는 중, 평일, 가족에게 거짓말을 한 날)

[ ]

5 당신이 이 목표를 세우고, 자신의 도박 행위를 바꾸고 싶어하는 그 이유를 중요한 순서로 세 가지를 꼽으세요.

❶

❷

❸

6 목표 달성의 중요성

현재 당신에게, 이 목표를 달성하는 것은 얼마나 중요한 일인가요? 「전혀 중요하지 않다」를 0점, 「가장 중요하다」를 100점으로 했을 때, 지금의 당신은 몇 점 정도입니까? **아래 선 위에 해당하는 곳에 ○ 표시해주세요.**

0점 — 50점 — 100점

전혀 중요하지 않다 ... 가장 중요하다

제 2 회 계기에서 재개에 이르는 경로와 대처

1 계기

계기란, 도박에 대한 갈망을 일으키는 사람, 장소, 물건, 상황 기분 등을 말합니다. 예를 들어, 어떤 사람이 매월 월급날에, 퇴근 후, ATM에서 돈을 인출하여, 파친코 가게에 갔다고 합시다. 이런 경우, 이 사람의 계기는 다음과 같은 것일 겁니다.

계 기

월급날, 퇴근 후 편의점, ATM기계, 돈, 파친코

계기가 있고, 그리고 도박을 다시 반복하면, 당신의 뇌는, 계기와 도박을 바로 연결시켜 버립니다. 즉, 단 계기에 의해서, 당신은 도박에 휘몰리게 되는 것입니다. 계기 사고-갈망-재개, 라고 하는 사이클은 좀 처럼 끊을 수 없는 것입니다.

물질 사용 장애 치료 프로그램 SMARPP-16 제2회 [계기와 욕구]에서 발췌하여 수정

재개에 이르는 길을 도중에서 끊기 위한 포인트는 이하의 3가지입니다.

1. 계기를 특정하고, 가능한 한 떠난다.
(예: 정해진 금액 이상의 돈을 가지고 다니지 않는다, 돈은 가족이 관리하는 등)

2. 도박을 재개할 것 같은 위험한 싸인(노란색 스티커 ※P.27 참조)을 일찍 알아차린다.

3. ②를 알아차리고, 빨리 대처한다.

본 프로그램에서는 상기 ❶~❸에 대해 배우고 일상생활 속에서 실천에 옮겨감으로써 도박에서 멀어진 생활을 되찾는 것을 목표로 합니다. 이번 세션에서는 ❶과 ❸를 정리하고,제3회 세션에서 ❷를 정리합니다. 제4회에서는 ❶~❸의 정리를 실시하고, 제5회에서는 회복을 위한 대비에 대해 배웁니다.

그럼, 우선 상기 ❶「계기를 특정해, 가능한 한 떠난다」부터 정리해 봅시다.

2 외적인 계기와 내적인 계기

① 외적인 계기…사람, 장소, 물건, [상황] 과 같은 당신의 주위에 있는 계기

과제 1

도박을 할 수 있는 계기가 될 만한 것에는 ○, 그렇지 않은 것에는 X를 붙입시다. 쓰여져 있는 것 이외에도 계기가 될 것 같은 것이 있으면, 적어 보시기 바랍니다.

- ☐ 혼자 집에 있을 때
- ☐ 도박 친구들이랑 있을 때
- ☐ 한가할 때
- ☐ 쉬는 날
- ☐ 퇴근 후
- ☐ 큰 레이스나 행사가 있는 날
- ☐ 비싼 물건을 사고 싶어질 때
- ☐ 스포츠 신문을 읽고 있을 때
- ☐ 광고 전단지를 봤을 때
- ☐ 직장에서 도박의 화제를 들었을 때
- ☐ TV광고를 봤을 때
- ☐ 도박 잡지를 읽고 있을 때
- ☐ 인터넷 투표 사이트에 들어갔을 때
- ☐ 도박장 앞을 지나갔을 때
- ☐ 도박장 안에 들어갔을 때
- ☐ ATM을 조작하고 있을 때
- ☐ 월급날
- ☐ 수중에 돈이 있을 때

.... 원이상

기타

....

② 내적인 계기... 당신의 안쪽에 있는 계기(기분)

과제 2

도박을 하는 계기가 될 것 같은 기분에는 ○, 그렇지 않은 것에는 X를 붙입시다. 쓰여져 있는 것 이외에도, 계기가 될 것 같은 기분이 있으면, 적어보시길 바랍니다.

- ☐ 불안하다
- ☐ 충족되지 않다
- ☐ 쓸쓸하다
- ☐ 죄책감
- ☐ 초조함
- ☐ 짜증
- ☐ 슬프다
- ☐ 두려움
- ☐ 침울함
- ☐ 부담이 있다
- ☐ 설레이다
- ☐ 기대하다
- ☐ 행복감
- ☐ 자신만만
- ☐ 도전적
- ☐ 편안함

기타

3 계기를 피하기 위한 궁리

과제 3

과제에서 준 계기를 피하기 위해 어떤 일을 할 수 있습니까?
실행할 수 있을 것 같은 것에 체크해 주세요.
쓰여져 있는 것 이외에도 할 수 있을 것 같은 것이 있으면 써 내 보시기 바랍니다.

- ☐ 다른 사람에게 돈을 관리하게 한다.
- ☐ 지갑 속은 동전만 둔다.
- ☐ 정한 금액(　　　　　원) 이상은 가지고 다니지 않는다.
- ☐ 신용카드를 해약한다.
- ☐ 은행 현금카드를 가족에게 맡기다.
- ☐ 사채업자, 은행 대출 자제 제도를 이용한다.
- ☐ 도박 네트투표의 회원 등록을 해약한다.
- ☐ 도박의 인터넷 투표 이용을 규제하는 제도를 활용한다.
- ☐ 도박장 앞을 지나가지 않는다.
- ☐ 도박의 신문 광고나 잡지를 읽지 않는다.
- ☐ 인터넷에서 도박 사이트나 동영상을 보지 않는다.
- ☐ 평일 낮에는 일을 한다.
- ☐ 평일 낮에는 이용 시설에 다닌다.
- ☐ 휴일에 일정이 없는 날은, 헬스장이나 도서관에 다닌다.
- ☐ 돈을 다루는 일을 피한다.
- ☐ 도박 친구와 거리를 둔다.
- ☐ 도박 문제를 친구나 동료에게 전달하고, 배려를 받는다.
- ☐ 스마트폰을 폴더폰으로 바꾼다.

기타

4 도박에 대한 생각을 끊는 대처(사고정지법)

도박의 재개에는, 일련의 흐름이 있다는 것을 우리는 배웠습니다. 이 흐름이 시작되지 않도록 첫 번째 계기를 철저히 피하는 것이 중요합니다. 하지만 우리의 평소 생활 속에는 계기가 무수히 있어 모든 것을 피하는 것은 불가능에 가깝습니다.

이 흐름을 끊는 또 하나의 방법을 소개하겠습니다. 만약 계기를 만나 버려서, 도박에 대해 생각해버렸을 때의 대처입니다. 도박을 계속 생각하면, 처음에는 작았던 갈망이 순식간에 커집니다. 이 상태가 되어 버리면 갈망을 이겨내기는 어렵습니다. 그렇기 때문에, 생각을 시작하는 단계에서 스톱을 거는 것이 중요합니다. 생각하고 있는 자신을 발견하면, 바로 그 생각을 끊읍시다. 이 생각을 끊는 대처를「사고정지법」이라고 부릅니다.

과제 4

다음의 방법 1-5(사고정지 법)에서 실행할 수 있는 것에 체크를 해주세요

☐ **방법1** 스위치

스위치나 레버의 그림을 머리에 떠올리고, 그 스위치를 끄는 동시에 도박에 관한 생각을 버린다.

☐ **방법2** 고무밴드

고무밴드를 손목에 차고, 그 고무밴드를 튕기면서「안 돼!」라고 한 이후, 그 마음을 가다듬고 다른 생각을 한다.

☐ **방법3** 릴랙스

숨을 깊게 들이마시고, 천천히 숨을 내쉰다. 이것을 3번 계속한다. 이 과정을 반복하여 점차 긴장된 기분을 풀어준다.

☐ **방법4** 고무밴드

누군가에게 전화해서 기분을 이야기한다. 이야기를 듣고 싶을 때 전화할 수 있는 사람을 몇 명 찾아, 미리 부탁해 둔다.

물질 사용 장애 치료 프로그램 SMARPP-16 제2회 [계기와 욕구]에서 발췌하여 수정

방법5 기타

다음은, 과거에 이 프로그램을 받은 참가자가 활용한 대처법입니다.

- ☐ 좋아하는 음악을 듣는다.
- ☐ 좋아하는 동영상을 본다.
- ☐ 휴대폰 배경화면(가족이나 동물 사진 등) 보기
- ☐ 메일이나 라인으로 도박을 하고 싶은 마음을 상담 할 수 있는 사람에게 전화한다.
- ☐ 팔에 낀 promise ring을 본다.
- ☐ 물 한컵을 마시기
- ☐ 사고카드(accident card)
  (계속해서 도박을 하다보니 생긴 일(P.2 참조)을 적은 명함 크기의 카드를 다시 읽으며, 힘들었던 때를 생각한다.
- ☐ 스와이소우 (P.25 참조)
- ☐ 수식관 (P.26 참조)

적혀 있는 것 외에, 도박에 대한 생각을 끊는 데 도움이 될 만한 대처가 있으면 써 보세요.

요약 과제

다음 프로그램까지 다음 ❶ ❷에 대해 실행해 보고 싶은 것을 각각 기재해 주세요.

❶ 계기를 피하기 위한 방법
(P6에 있는 **과제3**을 참고하여 실행해 보고 싶은 방법을 기재해 주세요)

❷ 도박에 대한 생각을 단절시키는 방법(사고 정지법)
(P7~8에 있는 **과제 4**를 참고하여 실행해 보고 싶은 방법을 기재해주세요)

제 3 회 재개를 막기 위해

1 재개와 재발

「재개」와 「재발」이라는 말은 비슷하지만, 이 프로그램에서는, 두 단어를 다른 의미로 사용합니다. 먼저 「재개」는 「도박을 잠시 접었다가 다시 해버리는 것」을 의미합니다. 한편, 「재발」이란 「아직 도박을 하지 않았더라도, 이전에 도박을 했을 때 볼 수 있었던 나쁜 행동이나 사고의 패턴이 다시 나타나는 것」의 의미로 사용합니다. 다시말하면, 재발은 「재개의 전조」라고 할 수 있을 것입니다. 즉, 실제로 도박을 「재개」해버리기 전에, 이미 「재발」이 시작되었다고 생각해 주세요. 그리고, 이 「재발」의 증상을 눈치채지 못한 채, 아무것도 손을 쓰지 않고 내버려 둔 후에는, 반드시라고 해도 좋을 정도로, 「재개」 가 찾아오는 것입니다.

하지만 재발에 대해 배우고, 재발의 사인을 깨닫는 방법을 알아 둠으로 써, 도박의 재개에 이르기 전에 그것을 멈출 수 있습니다. 재발의 사인으로서 「나쁜 행동 패턴」과 「정당화」의 2종류가 있으므로, 이것에 대해 배워봅시다.

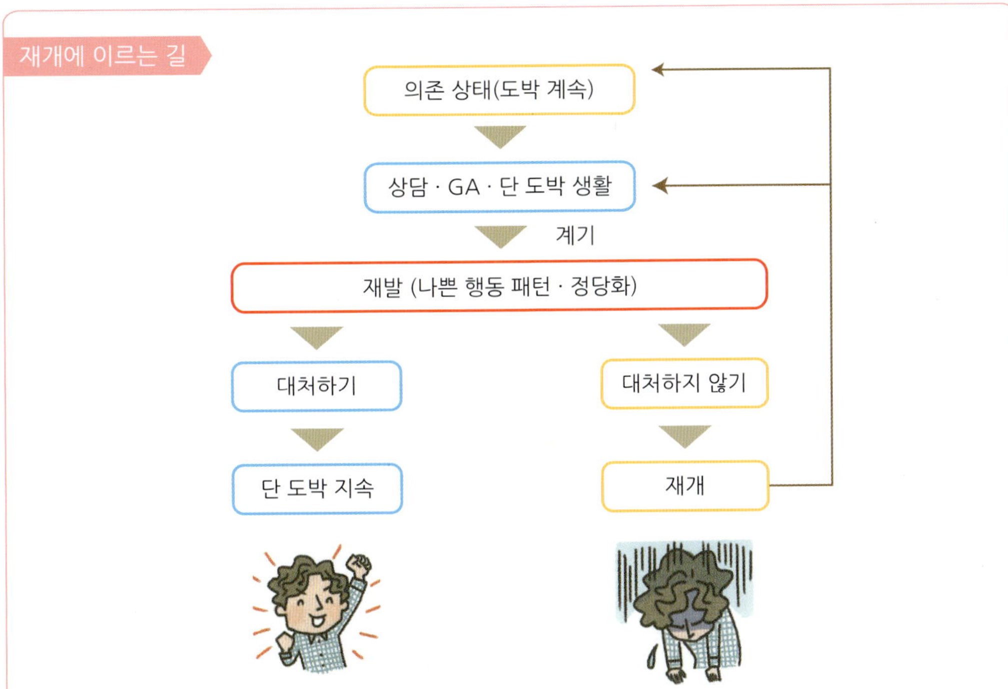

물질 사용 장애 치료 프로그램 SMARPP-16 제12회 「재발을 막으려면」에서 발췌하여 수정

2 나쁜 행동 패턴

어떤 사람이든 도박에 빠져 있는 상황이 계속되면 일정한 행동 패턴이 나타납니다. 그 행동 패턴이란, 도박을 계속하기 위한 자금을 어떻게든 손에 넣으려고 하거나, 도박을 하고 있다는 것을 숨기기 위해 거짓말을 하거나, 약속을 어기고, 불성실해지는 행동입니다. 이것을 「나쁜 행동 패턴」이라고 부릅니다.

이들은 모두, 도박에 빠져 있을 때 일어나는 행동의 전형적인 예이지만, 이러한 행동이 「단도박 중」에도 나타난 경우는 재발의 사인이라고 할 수 있습니다. 이러한 사인을 알게 되면, 자신의 생활 상황을 다시 한번 재검토해 보고, 빨리 제2회의 세션에서 배운 방법이나 대처를 하는 것이 중요합니다.

과제 1

다음 중에서 도박에 빠져 있던 당시의 당신에게 해당되는 것을 선택하여 체크해주세요. 쓰여져 있는 것 이외의 「나쁜 행동 패턴」이 있으면, 그것도 써 보세요.

- ☐ 거짓말 한다
- ☐ 약속을 취소한다
- ☐ 가사나 육아를 게을리 한다
- ☐ 일을 무단으로 쉰다
- ☐ 가족과의 대화가 줄다
- ☐ 친구와의 관계가 줄다
- ☐ 다른 취미에 흥미를 잃고 있다
- ☐ 건강과 몸가짐에 신경을 쓰지 않게 된다
- ☐ 치료나 자조 그룹 참여를 중단한다
- ☐ 도박장 앞을 몇 번이나 지나간다
- ☐ 인터넷으로 도박 정보를 조사하다
- ☐ 신문에서 도박 정보란을 읽는다
- ☐ 도박 정보지를 읽는다
- ☐ 도박 관련 전단지를 본다
- ☐ 도박 동영상을 본다
- ☐ 금전 관리를 제대로 하지 않게 된다
- ☐ 남의 돈이나 물건을 훔친다

기타

....

3 정당화 (악마의 속삭임)

「정당화」란, 도박을 재개하기 위한 다양한 변명을 말한다.

도박이 지배하고 있는 뇌는, 당신이 도박을 재개하기 위해 편리한 여러 가지 변명을 생각하고, 악마의 속삭임처럼 당신을 도박 재개로 이끌려 합니다.

「다시는 도박을 하지 않겠다」고 다짐하고 있어도 재개해 버린 경험은 없습니까? 또 그 때에 아래와 같은 정당화를 한 경험은 없습니까?

이것들도 재발의 사인이라고 합니다. 이러한 사인을 깨달았으면, 빨리 제2회의 세션에서 배운 것 같은 궁리나 대처를 하는 것이 중요합니다.

과제 2

아래의 정당화 중, 경험한 것에 체크 ✓ 를 달아주세요

정당화 1 사고나 다른 사람들 때문에...

- ☐ 상사로부터 불합리한 일로 꾸중을 들었다. 답답한 기분을 풀기 위해서는 도박이 최고다.
- ☐ 가족들로부터 귀찮게 주의를 받았다. 아무도 믿어주지 않는다면, 도박을 그만둬도, 그만두지 않아도 아무것도 변하지 않는다.
- ☐ 직장 친구가 도박 이야기를 하다 보니, 도박이 하고 싶어졌다. 어쩔 수 없다.
- ☐ 친구의 권유를 거절할 수 없었다.

정당화 2 파멸적인 사건 때문에...

- ☐ 배우자(연인)로부터 이별을 통보받았다. 너무 충격적이어서, 도박을 하지 않을 수 없다.
- ☐ 해고당했다. 이제, 자포자기이다.
- ☐ 빚이 너무 많아서 어쩔 수 없다. 갚으려면 도박밖에 없다.

정당화 3 오늘은 특별한 날이니까...

- ☐ 어려운 프로젝트를 무사히 마치고, 열심히 한 자신에게 보상이다.
- ☐ 오늘은 특별한 기념일이니까, 축하로, 오늘 하루만 즐기자.

정당화 4 기타 여러 가지 이유 때문에...

- ☐ 잠시 도박을 그만뒀으니, 이제 적당히 도박할 수 있지 않을까.
- ☐ 적당히 도박을 할 수있는지, 한번 시도해보자.
- ☐ 이제 그때와 같은 잘못은 하지 않을테니 괜찮다.

정당화 5 **기타 여러 가지 이유 때문에…**

- ☐ 한 번만이면 괜찮다.
- ☐ 이게 마지막이니까.
- ☐ 지갑 안의 10만원 만으로 중지할테니까.
- ☐ 친구는 술이나 담배를 하는데, 왜 나는 유일한 즐거움인 도박조차 하면 안 되는가.

기타

요약 과제

❶ 앞으로 일어날 것 같은 「나쁜 행동 패턴」이나 「정당화」는 어떤 것이 있습니까

❷ ❶의 「나쁜 행동 패턴」이나 「정당화」를 어떤 방법으로 안전하게 극복할수있습니까? P.6-P.8의 연구나 대처를 참고로 하며 생각해 봅시다.

제 4 회 나의 이정표

「이젠 도박을 하지 않겠다고 결심했다. 나는 의지가 강한 사람이니까 괜찮아」,「지금은 그 때와 달리 강한 의지를 가지고 있기 때문에, 빚을 내서까지 도박을 하는 일은 없다」 이러한 것처럼, 강한 의지를 가지는 것은 중요한 것입니다만, 그것만으로는 안전하다고는 말할 수 없습니다.

도박에서 떨어져 있는 데 성공한 사람은, 의지의 힘만으로 성공한 것이 아닙니다. 능숙하게 궁리나 대처를 하고 있기 때문에 성공한 것입니다. 능숙한 궁리와 대처란, 지금까지 배워 온 「계기를 피한다」,「도박 재개의 위험한 사인을 알게 되면 빨리 대처한다」 등의 행동을 말합니다. 따라서, 당신의 도박 문제를 개선해 나가려는 강한 의지는,「계기를 피한다」,「도박 재개가 없는 사인을 알게 되면 빨리 대처한다」 등의 구체적인 행동으로서 나타내 가는 것이 중요합니다.

1 계기 (복습)

계기란, 도박에 대한 갈망을 일으키는, 유인이 되는 것을 말합니다. 계기는, 사람-장소-물건-상황등과 같은 당신의 주위에 있는「외적인 계기」, 당신의 안쪽에 있는 기분이라고 하는 「내적인 계기」로 나눌 수 있습니다.

2 닻

닻 이란, 배가 조류에 떠내려가지 않도록 바다속에 내리는 추를 말하지만, 이 프로그램에서는, 당신이 도박욕구에 휩쓸려 가지 않도록, 맨정신 상태에 머물도록 잡아주는 것을「닻」으로 부른다. 당신은「이 사람만은 절대 슬프게 하고 싶지 않다」,「역시 여기 있을 때는 도박을 하지 않는다」,「이런 상황이라면 도박을 절대 하지 않는다」 이런 적은 없습니까? 이것들이 당신의 닻이라고 할 수 있습니다. 이 닻은 당신의 단도박을 도와주는, 등대의 빛과 같은 존재가 됩니다.

나의 이정표

과제 1

계기 표를 작성합시다. 당신의 생활과 관련된 장소, 사람, 물건 등에 대해 도박과 관련된 정도에 따라 써 봅시다.

100% ←→ 0%

	언제나 · 대게	별로 없다	전혀 없다
장소			
사람			
물건			
상황			
감정			
\ 조언 /	위험 즉시 떠나자	위험성은 낮지만 주의 필요	이것들을 중심으로 생활하자(닻)

재개에 이르는 길

과제 2

「나의 이정표」에서 기재한, 계기 (재개의 가능성이 「언제나 · 대개」)를 참고로, 당신의 도박 재개에 이르는 길을 그려 봅시다. 아래의 「계기 4」로부터 「계기 1」의 순서로 가능한 범위에서 기재해 주세요.

계기 1

↓ 1

계기 2

↓ 2

계기 3 원 이상의 돈(을 찾다, 빌리다)

↓ 3

계기 4 도박 장소「 」(에 가다)

↓ 4

도박 재개

요약 과제

당신은, 위 화살표의 1~4의 타이밍 어디에서, 스톱을 걸 수 있습니까? 또 어떤 궁리나 대처로 스톱을 걸겠습니까?

정지 가능한 화살표 번호 =

정지하기 위한 고안이나 대처 =

제 5 회 회복으로 가는 길

1 도박 대신 즐길 수 있는 활동

도박을 끊고 싶은 분 중에는, 「도박이 유일한 즐거움입니다」, 「도박 말고 무엇을 해야할지 모르겠다」는 말을 듣는 분도 많습니다. 많은 분들에게, 도박을 시작 했을때는, 도박은 생활의 일부였고, 그 밖에도 즐길 수 있는 활동이 있었을지도 모릅니다. 그러나, 도박을 하다보면, 도박을 하는 시간이나, 도박에 대해 생각하는 시간이 많아져, 그때까지 다른 즐거움에 사용하던 시간이 짧아져, 도박이 생활의 대부분을 차지해 좋아하게 된 것은 아닐까요.

도박을 즐기는 방법을 재검토하고, 도박 문제에서 회복하기 위해서는, 도박하는 시간을 줄였을때에, 그 빈 시간에 즐길 활동을 미리 생각해 두는 것이 유효합니다. 그 활동은, 도박을 시작하기 전에 당신이 이미 했던 활동도 괜찮고, 지금까지 해본 적이 없지만, 어쩌면 즐길 만한 활동도 괜찮습니다. 이러한, 도박 대신 즐길 수 있는 활동을 미리 생각해두는 것으로, 일단 그만두었던 도박을 재개해 버릴 가능성도 낮아집니다

과제 1

스텝 1 이하의, 즐길 수 있는 활동의 일람 ①과 ②에서, 「이것은 할 수 있을 것 같다」, 「좀 해보고 싶다」라고 생각하는 것에 체크를 붙여 주세요.
기재된 항목 이외에 생각나는 것이 있으면, 빈칸에 추가해 주세요.

스텝 2 스텝1의 기재를 바탕으로, ③을 채워봅시다.

	① 약간의 궁리로 부담없이 할 수 있는 코스 (거의 무료로, 손도 덜 가는 코스)	② 더욱 노력해서 약간 특별감 코스 (약간의 돈, 약간의 수고를 들이는 코스)
음식	□ 단 것을 먹는다 □ 갓 지은 밥에 후리카게를 뿌려 먹는다. □ 커피, 홍차, 녹차를 마신다 □ 아이스크림을 먹는다	□ 마음에 드는 카페에 간다 □ 자택에서 철판구이, 타코야끼를 먹는다 □ 라면을 먹는다 □ B급 맛집 순례 □ 불고기, 초밥을 먹으러 간다

운동 하기	☐ 스트레칭, 체조, 요가, 명상 ☐ 헬스 ☐ 워킹, 산책 ☐ 조깅 ☐ 자전거를 타기 ☐ 유튜브에 맞추어 춤추기	☐ 체육관에 가기 ☐ 해양 스포츠, 겨울 스포츠를 하기 ☐ 스케이트 킥보드를 타기 ☐ 구기 운동, 격투기, 수영, 당구치기 ☐ 배팅 센터에 가기 ☐ 볼더링 체육관에 가기
텔레비전 영화 DVD	☐ TV 스포츠 관람 ☐ 녹화한 드라마나 영화를 보다 ☐ 코미디 프로나 재미있는 텔레비전을 보며 웃는다 ☐ 유튜브를 보다	☐ DVD 플레이어를 빌리러 가기 ☐ 월정액제 무제한 서비스로, 드라마를 한 시즌 다 보기 ☐ 영화를 보러 가기
음악	☐ 좋아하는 아티스트의 곡을 듣기 ☐ 차분한 클래식 음악을 듣기 ☐ 옛날에 자주 들었던 음악을 듣기 ☐ 차에서 음악을 틀어놓고, 소리 내어 노래 부르기	☐ 좋아하는 아티스트의 CD를 사기 ☐ 콘서트에 가기 ☐ 온라인 콘서트에 참가하기 ☐ 음악 라이브 DVD를 빌리기
동식물 자연과 가까이 지내다	☐ 자연을 느끼기 ☐ 개 산책하기 ☐ 개나 고양이와 함께 시간 보내기 ☐ 스마트폰으로 하늘을 찍기 ☐ 자연 속을 혼자 조용히 걷기 ☐ 자연 풍경을 사진으로 찍기	☐ 밭 갈기 ☐ 침대 가게에 가기 ☐ 꽃 만들기 ☐ 잔디 깍기 ☐ 과실 만들기 ☐ 야채 키우기 ☐ 캠핑 ☐ 바다를 보러가기 ☐ 장수풍뎅이와 사슴벌레 키우기 ☐ 금붕어나 송사리 키우기 ☐ 나무 클라이밍
외출 나들이	☐ 편의점 ☐ 100엔 샵 ☐ 홈 센터 ☐ 서점 ☐ 근처를 드라이브 ☐ 휴게소 ☐ 도서관	☐ 온천/사우나 ☐ 사이클링에 나가기 ☐ 만화방 가기 ☐ 연극을 보러가기 ☐ 미술관 가기 ☐ 성지순례 ☐ 신사 순례 ☐ 폐선, 폐역 순회 ☐ 등산, 하이킹 하기 ☐ 전차를 타보기 ☐ 장거리 운전여행 ☐ 현내 소규모 여행
취미	☐ 요리 ☐ 낚시 ☐ 서예 ☐ 그림 그리기 ☐ 하이쿠 만들기 ☐ 퍼즐 ☐ 어른용 색칠하기 ☐ 독서 ☐ 바둑/장기 ☐ 스도쿠 ☐ 가로세로낱말퍼즐 ☐ 노래방	☐ 메밀면, 빵 만들기 ☐ 목공 작업, DIY ☐ 노래방 가기 ☐ 미니 사륜 구동차, 무선조종, 드론 조종 ☐ 프라레일 및 모형 만들기 ☐ 간단한 악기(우쿨렐레 등)를 시작해 보기
마음가짐	☐ 물건을 버리기 ☐ 청소 · 정리를 하다 ☐ 정리 정돈을 하다 ☐ 설거지를 하다 ☐ 빨래를 하다 ☐ 신문을 읽다 ☐ 세차를 하다 ☐ 스마트폰 어플 정리 ☐ 작은 친절 (예: 전철자리 양보하기)	☐ 해야 할 일 메모를 완료하기 ☐ 일을 열심히 하기 ☐ 방의 구조를 바꾸기 ☐ 자원 봉사에 참가하기 ☐ 자격증 공부를 하기 ☐ 외국어를 공부하기 ☐ 방의 구조를 바꾸기

커뮤니케이션	□ 가족의 웃는 얼굴을 보기 □ 친한 친구와 이야기하기 □ 만나는 사람에게 인사하기 □ 아이의 학원 등하교를 시키기 □ 아이와 놀기 □ 가게 점원에게 감사 인사하기	□ 차를 마시면서 친구들과 수다를 떨기 □ 학원이나 지역 동아리에 참가하기 □ 가족들과 쇼핑센터에 가기 □ 지인과 식사 모임을 가지기 □ 마음을 맞는 사람과 술 마시러 나가기 □ 자택에서 술자리 열기
③ 당신의 No.1을 적어보세요	① 조금의 아이디어로 가볍게 할 수 있는 코스에서의 No.1	② 추가 아이디어로 조금 특별한 느낌의 코스에서의 No.1

도박이 중심이었던 생활 속에서, 도박이 아닌 새로운 활동을 도입하는 것은 큰 용기가 필요합니다. 때로는「도박이 없는 일상」으로 향하는 것에 대해서, 불안해 할 수도 있습니다. 그 불안은 정상적인 반응입니다. 누구나 평소의 일상에 변화를 일으키려고 할 때는 불안을 느끼기 마련입니다.

뒤집어 말하면,「불안」은 변화가 일어나기 전의 시그널인것입니다. 만약 도박이 중심이었던 생활에 변화를 가하려는 것에 대해 불안감을 느꼈다면 망설이지 말고 앞으로 걸음을 내딛으세요. 그 한 걸음이 도박 문제에서 벗어나는 계기가 되는 거죠

과제 2

과제 1의 ③ 중, 앞으로 1개월 이내에, 실행해 보고 싶은 것을 제시해 주시기 바랍니다.

2 회복을 위한 길을 걷는 팁

우리의 도박 문제는 하루만에 생기는 것이 아니고, 또 하루만에 해결하는 것도 일단은 아닙니다. 지금까지 당신은 회복을 위해, 도박을 그만두자, 줄이려고 몇 번이나 결심하고, 노력을 반복해온 것은 아닐까요. 그러나 도박의 행위를 컨트롤하는 것은 매우 어렵고, 회복을 위해서는 다양한 어려움이 기다리고 있습니다.

과제 3

지금까지, 도박을 그만두자고 (줄이자고) 결심(또는 약속)했고, 그 결과, 잘 되지 않았던 경험이 있었나요? 있으면 구체적으로 알려주세요.

잘 되지 않았던 경험 있었다 · 없었다

구체적인 예

여기서 회복에 대한 목 풀기에 대해 생각하는 힌트가 되는 어떤 이야기를 소개합니다. 도박을 그만두려고 프로그램에 임해 온 주인공 시마네 타로씨는, 어떤 계기로 갬플을 재개해 버려, 단도박의 노력을 포기할 것 같습니다, 그러나…

「회복으로의 분기점」(가상사례)

시마네 타로씨는, 대학 2학년 여름에 친구의 권유로 파친코를 시작했습니다. 처음에는 취미의 범위에서 즐기고 있었습니다. 사회인이 되었을 무렵부터 잃은돈을 되찾으려다가 빚을 지게 되었습니다. 서서히 도박의 종목은 파친코에서 경마로 이동했고, 이전에는 즐길 수 있던 도박은 「빚 상환 수단」으로 바뀌었습니다. 27세 무렵에는 빚이 200만엔으로 불어나, 자택에 독촉장이 도착한 것으로 빚의 존재가 가족에게 발각되었습니다. 「도박을 다시는 하지 않겠다」고 약속하고 부모님께서 빚을 대신 갚았습니다.

그 후, 결혼하고 아이도 태어나, 잠시 경마를 그만두었지만, 33세 무렵에 문득 경마의 TV중계를 본 것이 계기가 되어 경마를 재개해, 35세 무렵에는 빚이 400만엔까지 이르러, 다시 가족에게 발각되었습니다. 걱정한 가족의 강한추천으로 전문 기관에 상담으로 이어졌고, 그래서 SAT-G라는 지원프로그램을 추천받았습니다. 수강하는 것에 불안은 있었지만, 도박에 의하지 않는 생활방식을 되찾고 싶다는 생각에서, 단도박을 목표로 프로그램을 받기로 결심했습니다.

프로그램을 시작하고 나서 3개월은, 순조롭게 단도박을 지속하고, 조금씩 도박이 없는 생활에 익숙해질 무렵, 직장 흡연소에서 동료로부터 「경마에서 대승한 이야기」를 들은 것이 계기가 되어 경마를 재개해, 그날 중 용돈의 전부를 경마에 사용해 버렸습니다.

시마네 씨는, [모처럼 3개월이나 노력했는데, 라고 물거품이 되어 버렸다] 라고 생각해 회복을 향한 노력을 포기할뻔 했습니다. 그러나, 프로그램의 텍스트를 다시 읽었더니, 자신이 왜 여기까지 노력해 왔는지를 생각해 그 결과 [도박 재개는 일시적인 정체에 지나지 않는다. 이번 실패를 다음에 살리면 지금까지 이상으로 씩씩해질 수 있다」라는 생각에 이르렀습니다. 그 후 프로그램을 계속한 시마네 씨는 경마를 다시 끊고, 현재는 3년간 경마를 계속 끊고 있습니다.

시마네씨는, 도박을 끊고자 하는 목표로 포기 할 뻔 했지만, 교재를 반복해서 읽고, 스스로를 격려하며, 최종적으로 목표를 달성했습니다. 도박문제에 있어서 회복에의 길은, 시마네씨의 깨달음이 큰 힌트가 됩니다. 도박의 재개는, 비록 당신의 걸음을 일시내로 늦추는 것은 있어도, 결코 당신의 회복에의 저지하는 것은 아닙니다. 목표를 향해 가는 길을 포기하지 않고 계속 걷기만 한다면, 언젠가 반드시 목표에 도달할 수 있습니다. 만약 당신이 도박의 재개를, 마찬가지로 시마네씨가 텍스트를 다시 읽고, 다시 생각한 것처럼「일시적인 정체에 지나지 않는다」라고 느낀다면, 다시한번 회복을 향해서 걷기 시작해 보지 않겠습니까? 그런 걸음 한 걸음은 반드시, 회복으로 이어질 것입니다.

3 만약 장래에 도박을 다시 시작하게 된다면?

상기 2에서는, 도박을 재개했다고 해도 포기하지 않고 회복을 향해 앞으로 나아가는 것이 중요하다는 것을 배웠습니다. 만약 미래에 도박을 재개한다면, 당신은 어떤 조치를 취하겠습니까?「현 단계에서 도박 재개를 상정하는 것은 이상하다」라고 생각할 수도 있습니다. 하지만, 예를 들면 방재 훈련이「만일의 재해」에 대비해 적절한 행동을 취할 수 있도록 준비하는 것처럼, 도박을 재개했을 경우의 대책을 생각해 두는 것은 도박 재개에 의한 피해를 최소한으로 막기 위한 대비가 되는 것입니다.

요약 과제

앞으로 당신이 도박문제에서 회복 도중에 좌절하여,도박을 재개해 버렸을 때, 당신이 당장 할 수 있는 대처는 어떤 것이 있습니까? 할 수 있는 일에 체크 해주세요. 적혀 있는 것 말고 있으면 써보세요.

- ☐ 지금까지 상담한 적이 있는 상담 기관에 한번 상담해 본다.
  [상담기관:]
- ☐ 신뢰할 수 있는 사람에게 상담한다.
  [상담할 사람:]
- ☐ 프로그램에 참가해 본다.
  [프로그램명:]
- ☐ 자조 그룹에 참가해 본다
  [자조그룹명:]

기타

※ 자조그룹이란, 같은 질병이나 문제로 고민한 경험이 있는 사람들이 모여, 서로 도와주면서 회복을 목적으로 하는, 자발적인 연결고리로 연결된 그룹입니다. 의존 문제에서 회복하는 데 매우 효과적입니다. 자조 그룹의 개최 정보는 직원에게 확인해 주십시오.

회복을 위해 ~정직함과 동료~

1 진실을 전하는 것

도박을 한 것을 숨기기 위해, 자신을 걱정해 주는 누군가에게 거짓말을 한 적이 없습니까? 도박에 빠져 있으면, 아무래도 거짓말을 하는 경우가 많아져 버립니다.

과제 1

❶ 당신은 도박을 한 사실(혹은 도박을 앞으로 할 계획)을 숨기기 위해 거짓말을 한 적이 있습니까?

거짓말을 한 적이 있다 · 없다

❷「있다」의 경우, 아래에서 경험한 것에 체크해 주세요. 적혀 있는 것 외에 다른 것이 있다면 적어 보세요.

- ☐ 도박하러 가기 위한 거짓말
- ☐ 내가 도박에 갔었다는 사실을 숨기기 위한 거짓말
- ☐ 도박 자금을 마련하기 위한 거짓말
- ☐ 도박에 따른 빚을 갚기 위한 거짓말
- ☐ 도박으로 인해, 쓰지 말아야 할 돈에 손을 댔다는 사실을 숨기기 위한 거짓말
- ☐ 도박으로, 약송을 지키지 못한 사실을 숨기기 위한 거짓말
- ☐ 도박으로 약속을 지키지 못한 사실을 숨기기 위해

기타

도박을 끊는 것을 계속하기 위해서는, 자기 자신에게 솔직하고, 동시에 다른 사람에게 정직하다는 것이 매우 중요합니다.

예를 들어, 당신이「잠시 멈췄던 도박을 어제 재개했다」는 것을 누군가에게 말할까 말까, 고민하는 장면을 생각해 봅시다. 당신은,「그런 말을 하면, 혼나지 않겠나」,「실망시켜 버리는

것은 아닐까」 등 걱정이 될지도 모릅니다. 그러나, 회복을 위해서는, 당신의 도박 문제를 함께 해결해 줄 신뢰할 수 있는 사람에게, 도박을 한 것이나, 하고 싶어진 마음을 솔직하게 말할 수 있게 되는 것이 무엇보다 중요합니다.

그만두려고 시도하기 시작했다고 해서, 바로 단호하게 그만둘 수 있다고는 할 수 없습니다. 하고 싶은 마음이 때로는 나오고, 노력하고 있음에도 불구하고 도박을 다시 하는 경우가 있을지도 모릅니다. 하지만 실패는 기회입니다. 용기가 필요한 일이지만, 신뢰할 수 있는 사람에게 솔직하게 이야기 하는 것은 회복으로 가는 여권입니다.

2 새 친구를 사귀기

도박에 대해 솔직하게 말할 수 있는 것은 중요하지만, 누구에게나 솔직하게 말하기는 어려울 것입니다. 비록 가족, 친구일지라도「도박을 하는 사람의 마음은 모른다」는 사람에게는, 좀처럼 당신의「도박을 그만두려고 하는 기분」이나「가끔 도박을 하고 싶어지는 기분」을 알게 하는 것은 어려울지도 모릅니다. 그래서「원래 도박을 했지만 지금은 개선을 위해 노력하고 있다」는 동료를 만드는 것이 중요합니다. GA와 같은 자조 그룹에는 그런 동료들이 많이 있습니다.

자조그룹이란

자조그룹이란, 같은 질병이나 문제로 고민한 경험이 있는 사람들이 모여, 서로 도와주면서 회복을 목표로 하는 자발적인 연결고리로 연결된 그룹입니다. 의존 문제에서 회복하는 데 매우 효과적입니다. 도박 문제에 대해서는, 본인의 그룹으로 Gambles Anonymous(GA) 등이 있습니다. 또한, 가족 그룹으로는 GAMANON이나 전국 도박 중독 가족 모임 등이 있습니다. 모두 전국 각지에서 활동하고 있습니다.

과제 2

가까운 곳에는 어떤 자조 모임이 있는지 확인해 봅시다.

가까운 자조 그룹

그룹 이름	요일	시간	장소

요약 과제

당신에게, 정직하게 도박 문제를 털어놓을 만한 사람(도박 문제를 함께 노력할 수 있는 가족, 친구, 지원자 등) 혹은 장소(자조모임이나 이 프로그램 등)가 있습니까? 없는 사람은 어떻게 하면 찾을 수 있을 것 같습니까?

털어놓을 만한 사람이나 장소

어떻게 하면 찾을 수 있을까

세계에서 한 곳이라도 좋으니까, 「여기서는 솔직하게 말할 수 있다」라는 장소를 만들어 봅시다. 비밀을 지켜주고, 책망하거나 비난하지 않고, 당신을 걱정해 주는 곳입니다. 도박 문제의 전문 상담 창구나 자조 그룹은 그런 장소 중 하나입니다. 그리고, 안심하고 말할 수 있는 동료나 지원자와 함께 노력을 쌓아 올리는 것으로, 반드시 회복해 나갈 수 있는 것을 잊지 말아 주세요.

부록 1

계기의 빅3

「계기 빅3」는 도박 행동을 가능하게 하는 필수 요소인「시간」,「돈」,「장소」 세 가지를 가리킵니다. 반대로 말하면, 이 세 가지 계기 중, 하나라도 부족하면 도박을 할 수 없습니다. 수학의 곱셈으로 비유하자면「10 × 20 × 0 = 0」과 같이, 곱하는 숫자 중 하나라도「0」이 있으면, 다른 무엇을 곱해도 답은 반드시「0」이 되는 것처럼,「시간」,「돈」,「장소」 중 하나라도「0」이 되면 도박은「0」이 되는 것입니다.

계기의 빅3

계기 = 도박을 하기 위한 시간

원포인트 최근에는, 스마트폰으로 단시간에도 도박을 할 수 있습니다. 일하는 동안에도 도박을 할 수 있기 때문에, 스마트폰을 사용한 도박은 시간에 대한 대처가 어렵습니다. 이 경우는, 일하는 중간의「시간」에 스와이소우(p 25)를 도입하거나, 스마트폰 그 자체에 대한 대처(폴더폰으로 바꾸는 등)도 궁리의 하나입니다.

돈 = 도박에 사용할 돈이나 돈에 접근할 수 있는 수단

원포인트 최근에는, 인터넷 계좌를 통해 도박을 할 수도 있습니다. 이 경우는, 인터넷 계좌 자체를 해약하는 등의 방법도 효과적입니다.

장소 = 도박장이나 인터넷 투표를 할 수 있는 사이트

원포인트 최근에는, 스마트폰을 통해 도박을 할 수 있는 시대입니다. 인터넷 투표 사이트라는 장소가 계기가 되는 경우는, 그 사이트에 들어가지 않거나 이용 규제를 거는 것 등의 연구가 효과적입니다. 스마트폰 자체에 대한 대처도 궁리의 하나입니다.

계기를 피할 궁리의 포인트

계기 빅3의 모든 것을 피하는 것은 대단한 에너지와 시간을 필요로 합니다. 그 때문에, 우선은 대처하기 쉬운 계기를 하나로 줄여, 그 계기에대한 대처에 주력하는 것부터 시작하는 것이 좋습니다.

부록 2

도박에 대한 생각을 끊는 대처 ①

스와이소우

스와이소우는 양팔을 힘을 빼서 흔들고, 근육과 관절을 풀어주는 운동을 총칭하며, 기공이나 태극권 준비운동으로 이루어집니다. 원래 유래는 중국 무술의 조련법 중 하나인데, 팔의 힘을 빼고 흔들기만 하면 되는, 누구나 할 수 있는 운동입니다.

도박에 대한 생각을 끊는 대처로도 활용할 수 있습니다. 5분~15분 정도 지속하는 것이 포인트입니다. 아래의 2개의 스와이소우를 소개해 드리니, 자신에게 맞는 것을 시도해 보시기를 바랍니다.

방법: 앞뒤로 흔드는 스와이소우

① 발을 어깨 너비로 벌립니다. 두 발이「ハ」자나 역「ハ」자가 되지 않도록 평행하게 합니다.
② 팔과 어깨의 힘을 빼고, 팔을 앞뒤로 흔듭니다.
(앞으로는 3, 뒤로는 7 정도의 큰 힘으로, 뒤로 더 크게 흔드는 것이 좋습니다)

방법: 방법: 비트는 스와이쇼

③ 팔의 힘을 뺀 채 허리를 비틀어 몸통을 축으로 회전시킵니다.
④ 몸에 달라붙듯이 팔을 흔듭니다.

부록 3

도박에 대한 생각을 끊는 대처 ②

수식관

「수식관」이란, 조용히 자신의 숨을 세면서 호흡을 관찰하는 것을 말합니다. 인도에서 예로부터 정해진 수행의 방법이 불교와 함께 중국에 전해지고, 이후 일본에 전해져 왔다고 합니다.

도박에 대한 생각을 끊는 대처로도 활용할 수 있습니다. 5분 정도 계속하는 것이 포인트입니다. 꼭 시도해 보세요.

방법

- 의자에 얕게 걸터앉아, 가볍게 자세를 바로잡습니다.
- 입으로 천천히 숨을 내쉬는 것을, 세 번 반복합니다. 들이마시는 숨은 자연에 맡기죠.
- 다시 한번 가볍게 자세를 바로 잡습니다.
- 여기서부터는 코 호흡으로 넘어가겠습니다. 코에서 숨이 나오고, 코에서 숨이 들어오는 자신을 관찰해 갑니다. 코에서 숨이 나오고, 들어오는 것을 한 덩어리로 해서 「하나」, 「둘 이라고 하는 것처럼 마음속으로 세어갑니다.

- 코에서 숨이 나오고, 들어가는 것을 10까지 세고나서, 1로 돌아가서 다시 10까지 셉니다. 이것을 5분 정도 반복합니다.
- 호흡을 세고 있을 때 도박 등 다른 것이 머리에 떠오르거나, 바깥의 소리 등에 주의가 향하면, 그런 자신을 「안된다」 부정하지 않고, 자신에게 상냥하게 「OK」라고 마음속으로 말을 걸어, 살며시 1로 향합시다.
- 끝날 때는, 스트레칭 등으로, 구분을 하는 것이 좋을 것입니다.

부 록 4

달력사용법

달력 사용법

(1) 사용법

① 매일 밤 자기 전에, 하루를 되돌아보고, 아래 상황에 가장 가까운 스티커를 붙이세요.

- 파란 스티커: 도박을 하고 싶다는 생각이 들지 않은 안전한 하루였다.
- 노란 스티커: 도박을 하고 싶다고 생각했지만, 참았다.
- 빨간 스티커: 도박을 했다.

② 노란색이나 빨간색 스티커일 때는, 그 계기가 된 사건도, 알 수 있는 범위에서 간단하게 써 주십시오.
예:「상사에게 꾸중 들었다」,「부부싸움 했다」,「축하할 일이 있었다」등

③ 빨간 스티커일 때는, 도박의 종목, 소비한 시간, 당초의 예정 금액, 승패의 차액을 기재해 주세요.

(2) 스티커를 붙이는 포인트

- 노란색이나 빨간색 스티커를 붙이는 것은 결코 나쁜 것이 아닙니다. 거기서 많은 발견이 있을지도 몰라요.
- 중요한 것은, 자신에게 정직하게 스티커를 붙이는 것입니다.

캘린더

월

1	2	3	4	5	6	7
8	9	10	11	12	13	14
15	16	17	18	19	20	21
22	23	24	25	26	27	28
29	30	31				

부록 5

예정표

memo

프로그램 예정

세션	예정일	실시 후의 사인 (스텝 기입)
제 1회	월 일 ( ) :	
제 2회	월 일 ( ) :	
제 3회	월 일 ( ) :	
제 4회	월 일 ( ) :	
제 5회	월 일 ( ) :	
앙코르	월 일 ( ) :	

도박장애 회복 훈련 프로그램 (SAT-G)

-실사용자용 매뉴얼-

번역 박상운
감수 마츠모토 토시히코
편저 코바라 케이지, 사토 히로시

목 차

본 프로그램에서 사용하는 [도박]이라고 하는 용어는, 가능성의 대소를 불문하고, 우연이 결과를 좌우하는 게임, 경기, 그 외의 특별행사에 있어서, 금전이나 소유 재산의 손해 리스크를 내포하고 있는 행위를 가리킵니다.」

목표=자신의 도박 문제를 되돌아보고, 앞으로 지향하는 방향을 확인한다.

제 1 회 당신의 도박 상황을 정리해 봅시다

1 당신에게 도박의 매력은?

【포인트 ①】
각 항목은 본인이 의견을 다 낼 때까지
앞으로 나아가지 않는다.

2 도박이 당신에게 어떤 결과를 주었나요?

단기적 결과

도박을 할 때, 한 직후에 일어나는, 자인이나 주위에 미치는 영향.
예) 플러스=돈이 늘어난다. 기분이 고양된다.
마이너스=돈이 즐어든다. 후회한다.
좋은 결과만은 아님을 확인한다.

장기적 결과

- 도박을 오래 계속해 온 결과 일어난, 자신이나 주위에 미치는 영향.
(대부분의 경우, 여기서 거론되는 것은, 대부분이 마이너스의 결과)
예) 빚이 늘었다. 거짓말이 많아졌다. 주변의 신뢰가 떨어졌다. 외로워졌다.
후회했다. 등
- 상기 (1)의 매력」과 모순되는 것이 있으면, 아무렇지도 않게 피드백한다.

3 도박이 당신에게 어떤 결과를 주었습니까?

	장점	단점
도박을 계속할 때	①	②
도박을 중단할 때	③	④

- 상기 과제 (1) (2)를 참고하면서, 이 표를의 순서로 채운다.
- ① ④도 정중하게 다룰 것.
- 다 채우면, ① ④와 ② ③을 비교 해 본다.

4 당신의 목표?

앞으로 6개월 동안의 당신 도박에서의 목표는 A와 B 중 어느 쪽입니까?
해당되는 곳에 ○를 그려주세요.

> • 목표는 본인이 정하는 것이 중요하다.
> • B를 선택한 경우는, 조절도박의 구체적내용도 적어주셔야 한다.

☐ A. 단도박(도박을 그만둔다)

☐ B. 조절도박(아래의 정해진 방식으로만 도박한다)

- 1회 도박에 드는 돈과 시간의 상한:
  1회 ______ 원까지 걸고,, ______ 시간까지 소비한다.
- 1개월간(30)일, 도박을 하는 일수 :
  1개월간 ______ 일 이내로 한다.
- 아래의 상황일 때만 도박을 한다.
  (예: 쉬는날, 집안청소를 한날, 가족에게 도박을 할 것을 알린 날)

[ ]

- 아래의 상황에서는 도박하지 않는다.
  (예: 일하는 중, 평일, 가족에게 거짓말을 하고)

[ ]

5 당신이 이 목표를 세우고, 자신의 도박 행위를 바꾸고 싶어하는 그 이유를 중요한 순서로 세 가지를 꼽으세요.

[❶ ❷ ❸]

> • 무엇을 위해 (4)의 목표에 도전할 것인가, 그 목표를 들어본다.
> • 도전하는 것에 대한 이유가 명확하면 목표를 달성할 가능성이 높아진다는 취지를 설명한다.
> • 이유를 세 가지 꼽기 어려운 경우에는, 가능한 범위에서 좋다.
> • 명함 크기의 카드를 건네며, 든 이유를 적어 주시고, 틈틈이 카드를 돌려볼 것을 제안한다.

6 목표 달성의 중요성

현재 당신에게, 이 목표를 달성하는 것은 얼마나 중요한 일인가요? 「전혀 중요하지 않다」를 0점, 「가장 중요하다」를 100점으로 했을 때, 지금의 당신은 몇 점 정도입니까? **아래 선 위에 해당하는 곳에 ○ 표시해주세요.**

0점 —————————— 50점 —————————— 100점

전혀 중요하지 않다 ………… 가장 중요하다

【포인트 ②】
제2회 이후의 텍스트에서는, 「단도박」을 상정한 구성으로 되어 있지만, 제1회에서, 목표를 「조절 도박」이라고 한 분에게는, 「도박을 그만둔다」는것을 「도박을 해서는 안되는 장면(때)은, 도박을 하지 않는다」라고 치환해 임해간다.

【포인트 ②】
기본은「읽기」+「과제의 대응」

목표=계기의 특정과 구체적 대처를 배운다

제 2 회 계기에서 재개에 이르는 경로와 대처

1 계기

계기란, 도박에 대한 갈망을 일으키는 사람, 장소, 물건, 상황 기분 등을 말합니다. 예를 들어, 어떤 사람이 매월 월급날에, 퇴근 후, ATM에서 돈을 인출하여, 파친코 가게에 갔다고 합시다. 이런 경우, 이 사람의 계기는 다음과 같은 것일 겁니다.

계 기

월급날, 퇴근 후 편의점, ATM기계, 돈, 파친코

계기가 있고, 그리고 도박을 다시 반복하면, 당신의 뇌는, 계기와 도박을 바로 연결시켜 버립니다. 즉, 단 계기에 의해서, 당신은 도박에 휘몰리게 되는 것입니다. 계기 사고-갈망-재개, 라고 하는 사이클은 좀 처럼 끊을 수 없는 것입니다.

계기에서 재개에 이르는 길

물질 사용 장애 치료 프로그램 SMARPP-16 제2회 [계기와 욕구]에서 발췌하여 수정

재개에 이르는 길을 도중에서 끊기 위한 포인트는 이하의 3가지입니다.

1. 계기를 특정하고, 가능한 한 떠난다.
   (예: 정해진 금액 이상의 돈을 가지고 다니지 않는다, 돈은 가족이 관리하는 등)
2. 도박을 재개할 것 같은 위험한 싸인(노란색 스티커 ※P.27 참조)을 일찍 알아차린다.
3. ②를 알아차리고, 빨리 대처한다.

본 프로그램에서는 상기 ❶~❸에 대해 배우고 일상생활 속에서 실천에 옮겨감으로써 도박에서 멀어진 생활을 되찾는 것을 목표로 합니다. 이번 세션에서는 ❶과 ❸를 정리하고,제3회 세션에서 ❷를 정리합니다. 제4회에서는 ❶~❸의 정리를 실시하고, 제5회에서는 회복을 위한 대비에 대해 배웁니다.

그럼, 우선 상기 ❶「계기를 특정해, 가능한 한 떠난다」부터 정리해 봅시다.

좌측의 글을 읽고, 본 프로그램에서 배우는 포인트나 흐름을 확인하고, 프로그램의 전망을 이용자에게 제시한다.

2 외적인 계기와 내적인 계기

① 외적인 계기…사람, 장소, 물건, [상황] 과 같은 당신의 주위에 있는 계기

과제 1

도박을 할 수 있는 계기가 될 만한 것에는 ○, 그렇지 않은 것에는 X를 붙입시다. 쓰여져 있는 것 이외에도 계기가 될 것 같은 것이 있으면, 적어 보시기 바랍니다.

- ☐ 혼자 집에 있을 때
- ☐ 도박 친구들이랑 있을 때
- ☐ 한가할 때
- ☐ 쉬는 날
- ☐ 퇴근 후
- ☐ 큰 레이스나 행사가 있는 날
- ☐ 비싼 물건을 사고 싶어질 때
- ☐ 스포츠 신문을 읽고 있을 때
- ☐ 광고 전단지를 봤을 때
- ☐ 직장에서 도박의 화제를 들었을 때
- ☐ TV광고를 봤을 때
- ☐ 도박 잡지를 읽고 있을 때
- ☐ 인터넷 투표 사이트에 들어갔을 때
- ☐ 도박장 앞을 지나갔을 때
- ☐ 도박장 안에 들어갔을 때
- ☐ ATM을 조작하고 있을 때
- ☐ 월급날
- ☐ 수중에 돈이 있을 때

.... 원이상

기타

....

- 지금까지의 도박인생에서 관련이 있는 것은 모두 ○표시를 해주시기 바랍니다.
- 향후, 보다 주의를 요하는 계기를 특정하기 위해, ○표시를 한 가운데 도박 재개와 관련이 깊은(있을 법한) 계기를 상위 3위까지 꼽는다.
- 「수중에 돈이 있을 때」가 선택되어 있는 경우에는, 얼마 이상 수중에 있으면 도박을 해 버릴지 묻는다.

② 내적인 계기... 당신의 안쪽에 있는 계기(기분)

과제 2

도박을 하는 계기가 될 것 같은 기분에는 ○, 그렇지 않은 것에는 X를 붙입시다. 쓰여져 있는 것 이외에도, 계기가 될 것 같은 기분이 있으면, 적어보시길 바랍니다.

- ☐ 불안하다
- ☐ 충족되지 않다
- ☐ 쓸쓸하다
- ☐ 죄책감
- ☐ 초조함
- ☐ 짜증
- ☐ 슬프다
- ☐ 두려움
- ☐ 침울함
- ☐ 부담이 있다
- ☐ 설레이다
- ☐ 기대하다
- ☐ 행복감
- ☐ 자신만만
- ☐ 도전적
- ☐ 편안함

기타

....

- 지금까지의 도박인생에서 관련이 있는 것은 모두 ○표시를 해주시기 바랍니다.
- 감정면에 대해 되돌아 보는 것이 어려울 때는, 크게 나누면, 「긍정적인 감정」과 「부정적인 감정」의 어느 쪽이 계기가 되는지를 공유하는 부분에서의 정리라도 좋다.

3 계기를 피하기 위한 궁리

과제 3

과제에서 준 계기를 피하기 위해 어떤 일을 할 수 있습니까?
실행할 수 있을 것 같은 것에 체크해 주세요.
쓰여져 있는 것 이외에도 할 수 있을 것 같은 것이 있으면 써 내 보시기 바랍니다.

- ☐ 다른 사람에게 돈을 관리하게 한다.
- ☐ 지갑 속은 동전만 둔다.
- ☐ 정한 금액(　　　　　원) 이상은 가지고 다니지 않는다.
- ☐ 신용카드를 해약한다.
- ☐ 은행 현금카드를 가족에게 맡기다.
- ☐ 사채업자, 은행 대출 자제 제도를 이용한다.
- ☐ 도박 네트투표의 회원 등록을 해약한다.
- ☐ 도박의 인터넷 투표 이용을 규제하는 제도를 활용한다.
- ☐ 도박장 앞을 지나가지 않는다.
- ☐ 도박의 신문 광고나 잡지를 읽지 않는다.
- ☐ 인터넷에서 도박 사이트나 동영상을 보지 않는다.
- ☐ 평일 낮에는 일을 한다.
- ☐ 평일 낮에는 이용 시설에 다닌다.
- ☐ 휴일에 일정이 없는 날은, 헬스장이나 도서관에 다닌다.
- ☐ 돈을 다루는 일을 피한다.
- ☐ 도박 친구와 거리를 둔다.
- ☐ 도박 문제를 친구나 동료에게 전달하고, 배려를 받는다.
- ☐ 스마트폰을 폴더폰으로 바꾼다.

기타

....

4 도박에 대한 생각을 끊는 대처(사고정지법)

도박의 재개에는, 일련의 흐름이 있다는 것을 우리는 배웠습니다. 이 흐름이 시작되지 않도록 첫 번째 계기를 철저히 피하는 것이 중요합니다. 하지만 우리의 평소 생활 속에는 계기가 무수히 있어 모든 것을 피하는 것은 불가능에 가깝습니다.

이 흐름을 끊는 또 하나의 방법을 소개하겠습니다. 만약 계기를 만나 버려서, 도박에 대해 생각해버렸을 때의 대처입니다. 도박을 계속 생각하면, 처음에는 작았던 갈망이 순식간에 커집니다. 이 상태가 되어 버리면 갈망을 이겨내기는 어렵습니다. 그렇기 때문에, 생각을 시작하는 단계에서 스톱을 거는 것이 중요합니다. 생각하고 있는 자신을 발견하면, 바로 그 생각을 끊읍시다. 이 생각을 끊는 대처를「사고정지법」이라고 부릅니다.

아래의 대처 1~4는 과거 약물 중독자 분들이 시도해 호평을 받았던 것으로, 대처 5는 SAT-G를 받은 이용자들이 활용해 호평을 받고 있는 것을 해설한다.

과제 4

이하의 대처 1-5 (사고정지 법)에서 실행할 수 있는 것에 체크를 해주세요

☐ **방법1** 스위치

스위치나 레버의 그림을 머리에 떠올리고, 그 스위치를 끄는 동시에 도박에 관한 생각을 버린다.

☐ **방법2** 고무밴드

고무밴드를 손목에 차고, 그 고무밴드를 튕겨서「안 돼!」라고 한 이후, 그 마음을 가다듬고 다른 생각을 한다.

☐ **방법3** 릴랙스

숨을 깊게 들이마시고, 천천히 숨을 내쉰다. 이것을 3번 계속한다. 점점 기분이 진정된다.

☐ **방법4** 고무밴드

누군가에게 전화해서 기분을 이야기한다. 이야기를 듣고 싶을 때 전화할 수 있는 사람을 몇 명 찾아, 미리 부탁한다.

물질 사용 장애 치료 프로그램 SMARPP-16 제2회 [계기와 욕구]에서 발췌하여 수정

방법5 **기타**

다음은, 과거에 이 프로그램을 받은 참가자가 활용한 대처법입니다.

- ☐ 좋아하는 음악을 듣는다.
- ☐ 좋아하는 동영상을 본다.
- ☐ 휴대폰 배경화면(가족이나 동물 사진 등) 보기
- ☐ 메일이나 라인으로 도박을 하고 싶은 마음을 상담 할 수 있는 사람에게 전화한다.
- ☐ 팔에 낀 promise ring을 본다.
- ☐ 물 한컵을 마시기
- ☐ 사고카드(accident card)
  (계속해서 도박을 하다보니 생긴 일(P.2 참조)을 적은 명함 크기의 카드를 다시 읽으며, 힘들었던 때를 생각한다.
- ☐ 스와이소우 (P.25 참조)
- ☐ 수식관 (P.26 참조)

'스와이소우'와 '수식관'에 대해 p25~26을 이용하여 설명한다.

적혀 있는 것 외에, 도박에 대한 생각을 끊는 데 도움이 될 만한 대처가 있으면 써 보세요.

....

요약 과제

다음 프로그램까지 다음 ❶ ❷에 대해 실행해 보고 싶은 것을 각각 기재해 주세요.

❶ 계기를 피하기 위한 방법
(P6에 있는 **과제3**을 참고하여 실행해 보고 싶은 방법을 기재해 주세요)

P.6, P.7~8에서 체크한 항목을 바탕으로, 실행 가능한 것)을 써내 주십시오. 이와 더불어, 다음 번까지, 시도해 볼 것을 권한다.

....

❷ 도박에 대한 생각을 단절시키는 방법(사고 정지법)
(P7~8에 있는 **과제 4**를 참고하여 실행해 보고 싶은 방법을 기재해주세요)

....

제 3 회 재개를 막기 위해

목표= • 재발, 재개 매커니즘의 이해
• 재발의 사인을 특정하고 대처를 생각한다.

【포인트】
「재개」의 전에「재발」이 있는 것을 설명한다.

1 재개와 재발

「재개」와 「재발」이라는 말은 비슷하지만, 이 프로그램에서는, 두 단어를 다른 의미로 사용합니다. 먼저 「재개」는 「도박을 잠시 접었다가 다시 해버리는 것」을 의미합니다. 한편,「재발」이란「아직 도박을 하지 않았더라도, 이전에 도박을 했을 때 볼 수 있었던 나쁜 행동이나 사고의 패턴이 다시 나타나는 것」의 의미로 사용합니다. 다시말하면, 재발은「재개의 전조」라고 할 수 있을 것입니다. 즉, 실제로 도박을「재개」해버리기 전에, 이미 「재발」이 시작되었다고 생각해 주세요. 그리고, 이 「재발」의 증상을 눈치채지 못한 채, 아무것도 손을 쓰지 않고 내버려 둔 후에는, 반드시라고 해도 좋을 정도로,「재개」가 찾아오는 것입니다.

하지만 재발에 대해 배우고, 재발의 사인을 깨닫는 방법을 알아 둠으로 써, 도박의 재개에 이르기 전에 그것을 멈출 수 있습니다. 재발의 사인으로서「나쁜 행동 패턴」과「정당화」의 2 종류가 있으므로, 이것에 대해 배워봅시다.

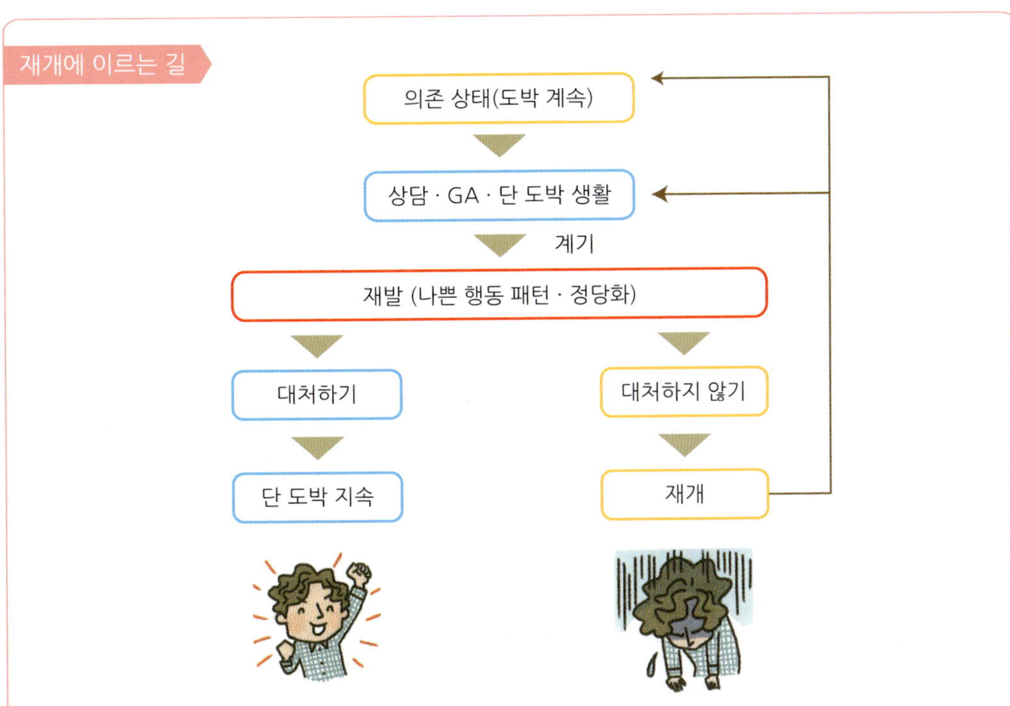

물질 사용 장애 치료 프로그램 SMARPP-16 제12회「재발을 막으려면」에서 발췌하여 수정

2 나쁜 행동 패턴

어떤 사람이든 도박에 빠져 있는 상황이 계속되면 일정한 행동 패턴이 나타납니다. 그 행동 패턴이란, 도박을 계속하기 위한 자금을 어떻게든 손에 넣으려고 하거나, 도박을 하고 있다는 것을 숨기기 위해 거짓말을 하거나, 약속을 어기고, 불성실해지는 행동입니다. 이것을 「나쁜 행동 패턴」이라고 부릅니다.

이들은 모두, 도박에 빠져 있을 때 일어나는 행동의 전형적인 예이지만, 이러한 행동이 「단도박 중」에도 나타난 경우는 재발의 사인이라고 할 수 있습니다. 이러한 사인을 알게 되면, 자신의 생활 상황을 다시 한번 재검토해 보고, 빨리 제2회의 세션에서 배운 방법이나 대처를 하는 것이 중요합니다.

과제 1

다음 중에서 도박에 빠져 있던 당시의 당신에게 해당되는 것을 선택하여 체크해주세요. 쓰여져 있는 것 이외의 「나쁜 행동 패턴」이 있으면, 그것도 써 보세요.

- □ 거짓말 한다
- □ 약속을 취소한다
- □ 가사나 육아를 게을리 한다
- □ 일을 무단으로 쉰다
- □ 가족과의 대화가 줄다
- □ 친구와의 관계가 줄다
- □ 다른 취미에 흥미를 잃고 있다
- □ 건강과 몸가짐에 신경을 쓰지 않게 된다
- □ 치료나 자조 그룹 참여를 중단한다
- □ 도박장 앞을 몇 번이나 지나간다
- □ 인터넷으로 도박 정보를 조사하다
- □ 신문에서 도박 정보란을 읽는다
- □ 도박 정보지를 읽는다
- □ 도박 관련 전단지를 본다
- □ 도박 동영상을 본다
- □ 금전 관리를 제대로 하지 않게 된다
- □ 남의 돈이나 물건을 훔친다

기타

- 향후, 보다 주의를 요하는 「나쁜 패턴의 확인을 위해, 도박에 빠져들었던 당시, 자주 하던 상위 3개를 듣겠습니다.
- 현재, 상기의 「나쁜 행동 패턴」 이 있는지 물어본다.

3 정당화 (악마의 속삭임)

「정당화」란, 도박을 재개하기 위한 다양한 변명을 말한다.

도박이 지배하고 있는 뇌는, 당신이 도박을 재개하기 위해 편리한 여러 가지 변명을 생각하고, 악마의 속삭임처럼 당신을 도박 재개로 이끌려 합니다.

「다시는 도박을 하지 않겠다」고 다짐하고 있어도 재개해 버린 경험은 없습니까? 또 그 때에 아래와 같은 정당화를 한 경험은 없습니까?

이것들도 재발의 사인이라고 합니다. 이러한 사인을 깨달았으면, 빨리 제2회의 세션에서 배운 것 같은 궁리나 대처를 하는 것이 중요합니다.

과제 2

이하의 예는 지금까지 본 프로그램을 받아 온 이용자가 든 정당화의 예인 것을 알린다.

아래의 정당화 중, 경험한 것에 체크 ✓ 를 달아주세요

정당화 1 사고나 다른 사람들 때문에...

- ☐ 상사로부터 불합리한 일로 꾸중을 들었다. 답답한 기분을 풀기 위해서는 도박이 최고다.
- ☐ 가족들로부터 귀찮게 주의를 받았다. 아무도 믿어주지 않는다면, 도박을 그만둬도, 그만두지 않아도 아무것도 변하지 않는다.
- ☐ 직장 친구가 도박 이야기를 하다 보니, 도박이 하고 싶어졌다. 어쩔 수 없다.
- ☐ 친구의 권유를 거절할 수 없었다.

정당화 2 파멸적인 사건 때문에...

- ☐ 배우자(연인)로부터 이별을 통보받았다. 너무 충격적이어서, 도박을 하지 않을 수 없다.
- ☐ 해고당했다. 이제, 자포자기이다.
- ☐ 빚이 너무 많아서 어쩔 수 없다. 갚으려면 도박밖에 없다.

정당화 3 오늘은 특별한 날이니까...

- ☐ 어려운 프로젝트를 무사히 마치고, 열심히 한 자신에게 보상이다.
- ☐ 오늘은 특별한 기념일이니까, 축하로, 오늘 하루만 즐기자.

정당화 4 기타 여러 가지 이유 때문에...

- ☐ 잠시 도박을 그만뒀으니, 이제 적당히 도박할 수 있지 않을까.
- ☐ 적당히 도박을 할 수있는지, 한번 시도해보자.
- ☐ 이제 그때와 같은 잘못은 하지 않을테니 괜찮다.

정당화 5 **기타 여러 가지 이유 때문에…**

- ☐ 한 번만이면 괜찮다.
- ☐ 이게 마지막이니까.
- ☐ 지갑 안의 10만원 만으로 중지할테니까.
- ☐ 친구는 술이나 담배를 하는데, 왜 나는 유일한 즐거움인 도박조차 하면 안 되는가.

기타

요약 과제

❶ 앞으로 일어날 것 같은「나쁜 행동 패턴」이나「정당화」는 어떤 것이 있습니까

❷ ❶의「나쁜 행동 패턴」이나「정당화」를 어떤 방법으로 안전하게 극복할수있습니까? P.6-P.8의 연구나 대처를 참고로 하며 생각해 봅시다.

제 4 회 나의 이정표

목표=「계기」와「닻」의 정리와 현상의 확인
- 다시 시작할 때까지 대처해야 할 부분이 몇 가지 있다는 것을 알게 된다

「이젠 도박을 하지 않겠다고 결심했다. 나는 의지가 강한 사람이니까 괜찮아」,「지금은 그 때와 달리 강한 의지를 가지고 있기 때문에, 빚을 내서까지 도박을 하는 일은 없다」 이러한 것처럼, 강한 의지를 가지는 것은 중요한 것입니다만, 그것만으로는 안전하다고는 말할 수 없습니다.

도박에서 떨어져 있는 데 성공한 사람은, 의지의 힘만으로 성공한 것이 아닙니다. 능숙하게 궁리나 대처를 하고 있기 때문에 성공한 것입니다. 능숙한 궁리와 대처란, 지금까지 배워 온「계기를 피한다」,「도박 재개의 위험한 사인을 알게 되면 빨리 대처한다」 등의 행동을 말합니다. 따라서, 당신의 도박 문제를 개선해 나가려는 강한 의지는,「계기를 피한다」,「도박 재개가 없는 사인을 알게 되면 빨리 대처한다」 등의 구체적인 행동으로서 나타내 가는 것이 중요합니다.

1 계기 (복습)

계기란, 도박에 대한 갈망을 일으키는, 유인이 되는 것을 말합니다. 계기는, 사람-장소-물건-상황등과 같은 당신의 주위에 있는「외적인 계기」, 당신의 안쪽에 있는 기분이라고 하는「내적인 계기」로 나눌 수 있습니다.

2 닻

닻 이란, 배가 조류에 떠내려가지 않도록 바다속에 내리는 추를 말하지만, 이 프로그램에서는, 당신이 도박욕구에 휩쓸려 가지 않도록, 맨정신 상태에 머물도록 잡아주는 것을「닻」으로 부른다. 당신은「이 사람만은 절대 슬프게 하고 싶지 않다」,「역시 여기 있을 때는 도박을 하지 않는다」,「이런 상황이라면 도박을 절대 하지 않는다」 이런 적은 없습니까? 이것들이 당신의 닻이라고 할 수 있습니다. 이 닻은 당신의 단도박을 도와주는, 등대의 빛과 같은 존재가 됩니다.

나의 이정표

모든 항목을 다 채운 후 '결코 없다'로 기입된 것 중, 현재 활용할 수 있는 것을 확인한다.

먼저 '장소' 항목부터 시작한다. 지원자는 매뉴얼 텍스트에 예시를 제시하면서 채워 주시고, 수강자가 이미지를 떠올린 곳에서, 그 외의 사람, 물건, 상황, 기분에 대해서 기입해주면서 대처하기 쉽다.

과제 1

계기 표를 작성합시다. 당신의 생활과 관련된 장소, 사람, 물건 등에 대해 도박과 관련된 정도에 따라 써 봅시다.

100% ←→ 0%

	언제나 · 대게	별로 없다	전혀 없다
장소	예: 도박장, 은행, 인터넷 은행, 편의점		예: 직장, 자택, 상담기관
사람	예: 도박 친구, 돈을 빌려줄 사람		예: 가족, 친구, 상담원
물건	예: 돈, 현금 카드, 도박, 잡지, 찌라시, 스마트폰		예: 가족, 사진, DVD, 축구(취미)
상황	예: 돈을 많이 가지고 있을때, 도박광고 문자가 왔을 때, 휴일이라 한가할 때, 상사에게 혼났을 때		예: 돈을 가족이 관리하고 있을 때, 일이 바쁠 때, 가족들과 지내고 있을 때, 프로그램을 받은 날
감정	예: 분노, 압박		예: 충실감, 포만감
\ 조언 /	위험 즉시 떠나자	위험성은 낮지만 주의 필요	이것들을 중심으로 생활하자(닻)

재개에 이르는 길

재개에 이르는 패턴의 일례를 작성하는 과제, p14의 과제의 「항상」, 「대개」로 기재된 계를 공란에 기재해 주세요.

과제 2

「나의 이정표」에서 기재한, 계기 (재개의 가능성이 「언제나 · 대개」)를 참고로, 당신의 도박 재개에 이르는 길을 그려 봅시다. 아래의 「계기 4」로부터 「계기 1」의 순서로 가능한 범위에서 기재해 주세요.

계기 1

1 ↓

화살표는 재발싸인. 화살표가 ①에서 ④로 진행됨에 따라, 사인은 현저해져 간다.

계기 2

2 ↓

계기 3 원 이상의 돈(을 찾다, 빌리다)

3 ↓

계기 4 도박 장소「 」(에 가다)

4 ↓

도박 재개

요약 과제

당신은, 위 화살표의 1~4의 타이밍 어디에서, 스톱을 걸 수 있습니까? 또 어떤 궁리나 대처로 스톱을 걸겠습니까?

정지 가능한 화살표 번호 =

정지하기 위한 고안이나 대처 =

제2회의 궁리나 대처 (p.6~8)도 참고한다.

목표= • 도박 대신 즐길 수 있는 활동을 구체적으로 배운다.
• 도박을 재개했을 때 어떻게 대처해야 하는지에 대해 구체적으로 배우다.

제 5 회 회복으로 가는 길

1 도박 대신 즐길 수 있는 활동

도박을 끊고 싶은 분 중에는, 「도박이 유일한 즐거움입니다」, 「도박 말고 무엇을 해야할지 모르겠다」는 말을 듣는 분도 많습니다. 많은 분들에게, 도박을 시작 했을때는, 도박은 생활의 일부였고, 그 밖에도 즐길 수 있는 활동이 있었을지도 모릅니다. 그러나, 도박을 하다보면, 도박을 하는 시간이나, 도박에 대해 생각하는 시간이 많아져, 그때까지 다른 즐거움에 사용하던 시간이 짧아져, 도박이 생활의 대부분을 차지해 좋아하게 된 것은 아닐까요.

도박을 즐기는 방법을 재검토하고, 도박 문제에서 회복하기 위해서는, 도박하는 시간을 줄였을때에, 그 빈 시간에 즐길 활동을 미리 생각해 두는 것이 유효합니다. 그 활동은, 도박을 시작하기 전에 당신이 이미 했던 활동도 괜찮고, 지금까지 해본 적이 없지만, 어쩌면 즐길 만한 활동도 괜찮습니다. 이러한, 도박 대신 즐길 수 있는 활동을 미리 생각해두는 것으로, 일단 그만두었던 도박을 재개해 버릴 가능성도 낮아집니다

실행 가능성의 유무에 구애받지 않고, 부담없이 체크하도록, 당사자에게 촉구한다.

과제 1

스텝 1 이하의, 즐길 수 있는 활동의 일람 ①과 ②에서, 「이것은 할 수 있을 것 같다」, 「좀 해보고 싶다」라고 생각하는 것에 체크를 붙여 주세요.
기재된 항목 이외에 생각나는 것이 있으면, 빈칸에 추가해 주세요.

스텝 2 스텝1의 기재를 바탕으로, ③을 채워봅시다.

	① 약간의 궁리로 부담없이 할 수 있는 코스 (거의 무료로, 손도 덜 가는 코스)	② 더욱 노력해서 약간 특별감 코스 (약간의 돈, 약간의 수고를 들이는 코스)
음식	□ 단 것을 먹는다 □ 갓 지은 밥에 후리카게를 뿌려 먹는다. □ 커피, 홍차, 녹차를 마신다 □ 아이스크림을 먹는다	□ 마음에 드는 카페에 간다 □ 자택에서 철판구이, 타코야끼를 먹는다 □ 라면을 먹는다 □ B급 맛집 순례 □ 불고기, 초밥을 먹으러 간다

운동 하기	☐ 스트레칭·체조·요가·명상 ☐ 헬스 ☐ 워킹, 산책 ☐ 조깅 ☐ 자전거를 타다 ☐ 유튜브에 맞추어 춤을 춰보다	☐ 체육관에 가기 ☐ 해양 스포츠, 겨울 스포츠를 하기 ☐ 스케이트 킥보드를 타기 ☐ 구기 운동, 격투기, 수영, 당구치기 ☐ 배팅 센터에 가기 ☐ 볼더링 체육관에 가다
텔레비전 영화 DVD	☐ TV 스포츠 관람 ☐ 녹음한 드라마 · 영화를 보다 ☐ 코미디 프로나 재미있는 텔레비전을 보고 웃는다 ☐ 유튜브를 보다	☐ DVD 플레이어를 빌리러 가기 ☐ 월정액제 무제한 서비스로, 드라마를 1 시즌 다 보기 ☐ 영화를 보러 가기
음악	☐ 좋아하는 아티스트의 곡을 듣다 ☐ 차분한 클래식 음악을 듣다 ☐ 옛날에 자주 들었던 음악을 듣다 ☐ 차에서 음악을 틀어놓고, 소리 내어 노래하다	☐ 좋아하는 아티스트의 CD를 사다 ☐ 콘서트에 가다 ☐ 온라인 콘서트에 참가하다 ☐ 음악 라이브 DVD를 빌리다
동식물 자연과 가까이 지내다	☐ 자연을 접하다 ☐ 개 산책을 하다 ☐ 개나 고양이와 지내다 ☐ 스마트폰으로 하늘을 찍다 ☐ 자연 속을 혼자 묵묵히 걷다 ☐ 자연의 풍경을 사진으로 찍다.	☐ 밭 갈기 ☐ 침대 가게에 가기 ☐ 꽃 만들기 ☐ 잔디 깍기 ☐ 과실 만들기 ☐ 야채 키우기 ☐ 캠프에 가기 ☐ 바다를 보러가기 ☐ 장수풍뎅이와 사슴벌레 사육 ☐ 금붕어와 송사리 사육 ☐ 나무 클라이밍
외출 나들이	☐ 편의점 ☐ 100엔 숍 ☐ 홈 센터 ☐ 서점 ☐ 근처를 드라이브 ☐ 휴게소 ☐ 도서관	☐ 온천 사우나에 가다. ☐ 사이클링에 나가다 ☐ 연극을 보러가다 ☐ 만화방 가기 ☐ 성지순례 ☐ 미술관에 가기 ☐ 폐선, 폐역 순회 ☐ 신사 순례 ☐ 전차를 타보기 ☐ 등산, 하이킹 하기 ☐ 현내 소규모 여행 ☐ 장거리 운전여행
취미	☐ 요리 ☐ 낚시 ☐ 서예 ☐ 그림 그리기 ☐ 하이쿠 만들기 ☐ 퍼즐 ☐ 어른용 색칠하기 ☐ 독서 ☐ 바둑/장기 ☐ 스도쿠 ☐ 가로세로낱말퍼즐 ☐ 노래방	☐ 메밀면·빵 만들기 ☐ 목수 작업, DIY ☐ 노래방 가기 ☐ 미니 사륜구동, 무선조종, 드론 조종 ☐ 프라레일 및 모형 만들기 ☐ 간단한 악기(우쿨렐레 등)를 시작해 보기
마음가짐	☐ 물건을버리다 ☐ 청소 · 정리를 하다 ☐ 정리 정돈을 하다 ☐ 설거지를 하다 ☐ 빨래를 하다 ☐ 신문을 읽다 ☐ 세차를 하다 ☐ 스마트폰 어플 정리 ☐ 작은 친절 (예: 전철자리 양보하기)	☐ 할 일 메모를 클리어해 나가기 ☐ 일을 열심히 하기 ☐ 방의 구조를 바꾸기 ☐ 자원 봉사에 참가하기 ☐ 자격증 공부 하기 ☐ 어학 공부하기 ☐ 방의 구조를 바꾸기

커뮤니케이션	☐ 가족의 웃는 얼굴을 본다 ☐ 친한 친구와 이야기를 한다. ☐ 만난 사람에게 인사한다 ☐ 아이의 학원에 송영을 한다 ☐ 아이와 논다 ☐ 가게 점원에게 감사의 말을 한다.	☐ 차를 마시면서 친구들과 수다를 떤다 ☐ 가족들과 쇼핑센터에 간다 ☐ 사람들과 회식을 한다 ☐ 마음을 아는 사람과 술 마시러 나간다. ☐ 자택에서 술자리를 개최하다
③ 당신의 No.1을 적어보세요	① 약간의 궁리로 부담없이 할 수있다. 코스에서의 NO.1	② 한층 더 고안하여, 약간 특별한 코스에서의 NO.1

복수 응답해도 상관없다.
즐거움이 많은 것보다 좋은 건 없다.

도박이 중심이었던 생활 속에서, 도박이 아닌 새로운 활동을 도입하는 것은 큰 용기가 필요합니다. 때로는「도박이 없는 일상」으로 향하는 것에 대해서, 불안해 할 수도 있습니다. 그 불안은 정상적인 반응입니다. 누구나 평소의 일상에 변화를 일으키려고 할 때는 불안을 느끼기 마련입니다.

뒤집어 말하면,「불안」은 변화가 일어나기 전의 시그널인것입니다. 만약 도박이 중심이었던 생활에 변화를 가하려는 것에 대해 불안감을 느꼈다면 망설이지 말고 앞으로 걸음을 내딛으세요. 그 한 걸음이 도박 문제에서 벗어나는 계기가 되는 거죠

과제 2

과제 1의 ③ 중, 앞으로 1개월 이내에, 실행해 보고 싶은 것을 제시해 주시기 바랍니다.

앙코르 세션을 진행하는 경우에는, 다음 체크인 시에 실행해 보고 어땠는지 묻는 것을, 이 단계에서 예고해 둔다.

이하에서는, 만일 도박을 재개했다고 해도, 그 때에 대처하는 것으로, 다시 회복에의 길을 걸어갈 수 있는 것을 배운다.

2 회복을 위한 길을 걷는 팁

우리의 도박 문제는 하루만에 생기는 것이 아니고, 또 하루만에 해결하는 것도 일단은 아닙니다. 지금까지 당신은 회복을 위해, 도박을 그만두자, 줄이려고 몇 번이나 결심하고, 노력을 반복해온 것은 아닐까요. 그러나 도박의 행위를 컨트롤하는 것은 매우 어렵고, 회복을 위해서는 다양한 어려움이 기다리고 있습니다.

과제 3

지금까지, 도박을 그만두자고 (줄이자고) 결심(또는 약속)했고, 그 결과, 잘 되지 않았던 경험이 있었나요? 있으면 구체적으로 알려주세요.

잘 되지 않았던 경험　　　　있었다 · 없었다

구체적인 예

여기서 회복에 대한 목 풀기에 대해 생각하는 힌트가 되는 어떤 이야기를 소개합니다. 도박을 그만두려고 프로그램에 임해 온 주인공 시마네 타로씨는, 어떤 계기로 갬플을 재개해 버려, 단도박의 노력을 포기할 것 같습니다, 그러나...

「회복으로의 분기점」(가상사례)

시마네 타로씨는, 대학 2학년 여름에 친구의 권유로 파친코를 시작했습니다. 처음에는 취미의 범위에서 즐기고 있었습니다. 사회인이 되었을 무렵부터 잃은돈을 되찾으려다가 빚을 지게 되었습니다. 서서히 도박의 종목은 파친코에서 경마로 이동했고, 이전에는 즐길 수 있던 도박은 「빚 상환 수단」으로 바뀌었습니다. 27세 무렵에는 빚이 200만엔으로 불어나, 자택에 독촉장이 도착한 것으로 빚의 존재가 가족에게 발각되었습니다. 「도박을 다시는 하지 않겠다」고 약속하고 부모님께서 빚을 대신 갚았습니다.

그 후, 결혼하고 아이도 태어나, 잠시 경마를 그만두었지만, 33세 무렵에 문득 경마의 TV중계를 본 것이 계기가 되어 경마를 재개해, 35세 무렵에는 빚이 400만엔까지 이르러, 다시 가족에게 발각되었습니다. 걱정한 가족의 강한추천으로 전문 기관에 상담으로 이어졌고, 그래서 SAT-G라는 지원프로그램을 추천받았습니다. 수강하는 것에 불안은 있었지만, 도박에 의하지 않는 생활방식을 되찾고 싶다는 생각에서, 단도박을 목표로 프로그램을 받기로 결심했습니다.

프로그램을 시작하고 나서 3개월은, 순조롭게 단도박을 지속하고, 조금씩 도박이 없는 생활에 익숙해질 무렵, 직장 흡연소에서 동료로부터 「경마에서 대승한 이야기」를 들은 것이 계기가 되어 경마를 재개해, 그날 중 용돈의 전부를 경마에 사용해 버렸습니다.

시마네 씨는, [모처럼 3개월이나 노력했는데, 라고 물거품이 되어 버렸다] 라고 생각해 회복을 향한 노력을 포기할뻔 했습니다. 그러나, 프로그램의 텍스트를 다시 읽었더니, 자신이 왜 여기까지 노력해 왔는지를 생각해 그 결과 [도박 재개는 일시적인 정체에 지나지 않는다. 이번 실패를 다음에 살리면 지금까지 이상으로 씩씩해질 수 있다.「라는 생각에 이르렀습니다. 그 후 프로그램을 계속한 시마네 씨는 경마를 다시 끊고, 현재는 3년간 경마를 계속 끊고 있습니다.

시마네씨는, 도박을 끊고자 하는 목표로 포기 할 뻔 했지만, 교재를 반복해서 읽고, 스스로를 격려하며, 최종적으로 목표를 달성했습니다. 도박문제에 있어서 회복에의 길은, 시마네씨의 깨달음이 큰 힌트가 됩니다. 도박의 재개는, 비록 당신의 걸음을 일시내로 늦추는 것은 있어도, 결코 당신의 회복에의 저지하는 것은 아닙니다. 목표를 향해 가는 길을 포기하지 않고 계속 걷기만 한다면, 언젠가 반드시 목표에 도달할 수 있습니다. 만약 당신이 도박의 재개를, 마찬가지로 시마네씨가 텍스트를 다시 읽고, 다시 생각한 것처럼「일시적인 정체에 지나지 않는다」라고 느낀다면, 다시한번 회복을 향해서 걷기 시작해 보지 않겠습니까? 그런 걸음 한 걸음은 반드시, 회복으로 이어질 것입니다.

3 만약 장래에 도박을 다시 시작하게 된다면?

상기 **2** 에서는, 도박을 재개했다고 해도 포기하지 않고 회복을 향해 앞으로 나아가는 것이 중요하다는 것을 배웠습니다. 만약 미래에 도박을 재개한다면, 당신은 어떤 조치를 취하겠습니까?「현 단계에서 도박 재개를 상정하는 것은 이상하다.」라고 생각할 수도 있습니다. 하지만, 예를 들면 방재 훈련이「만일의 재해」에 대비해 적절한 행동을 취할 수 있도록 준비하는 것처럼, 도박을 재개했을 경우의 대책을 생각해 두는 것은 도박 재개에 의한 피해를 최소한으로 막기 위한 대비가 되는 것입니다.

요약 과제

앞으로 당신이 도박문제에서 회복 도중에 좌절하여,도박을 재개해 버렸을 때, 당신이 당장 할 수 있는 대처는 어떤 것이 있습니까? 할 수 있는 일에 체크 해주세요. 적혀 있는 것 말고 있으면 써보세요.

☐ 지금까지 상담한 적이 있는 상담 기관에 한번 상담해 본다.
[상담기관:]

☐ 신뢰할 수 있는 사람에게 상담한다.
[상담할 사람:]

☐ 프로그램에 참가해 본다.
[프로그램명:]

☐ 자조 그룹에 참가해 본다
[자조그룹명:

기타

- 자조 그룹에 대해서도 설명을 덧붙인다.
- 사전에, 지역에 있는 자조 그룹의 개최 상황에 대해 확인해 둔다.
- 앙코르 섹션을 실시하는 경우에는, 그 쪽에서도 자조 그룹에 대해 배우는 것에 대해 언급한다.

※ 자조그룹이란, 같은 질병이나 문제로 고민한 경험이 있는 사람들이 모여, 서로 도와주면서 회복을 목적으로 하는, 자발적인 연결고리로 연결된 그룹입니다. 의존 문제에서 회복하는 데 매우 효과적입니다. 자조 그룹의 개최 정보는 직원에게 확인해 주십시오.

목표=회복을 위해 중요한 요소인 정직과 동료에 대해 이해한다.

앙코르섹션 회복을 위해 ~정직함과 동료~

1 진실을 전하는 것

도박을 한 것을 숨기기 위해, 자신을 걱정해 주는 누군가에게 거짓말을 한 적이 없습니까? 도박에 빠져 있으면, 아무래도 거짓말을 하는 경우가 많아져 버립니다.

과제 1

❶ 당신은 도박을 한 사실(혹은 도박을 앞으로 할 계획)을 숨기기 위해 거짓말을 한 적이 있습니까?

거짓말을 한 적이 있다 · 없다

❷ 당신은 도박을 한 사실(혹은 도박을 앞으로 할 계획)을 숨기기 위해 거짓말을 한 적이 있습니까?

구체적인 해당 항목에 대해 확인한다.

- ☐ 도박하러 가기 위한 거짓말
- ☐ 내가 도박에 갔었다는 사실을 숨기기 위한 거짓말
- ☐ 도박 자금을 마련하기 위한 거짓말
- ☐ 도박에 따른 빚을 갚기 위한 거짓말
- ☐ 도박으로 인해, 쓰지 말아야 할 돈에 손을 댔다는 사실을 숨기기 위한 거짓말
- ☐ 도박으로, 약송을 지키지 못한 사실을 숨기기 위한 거짓말
- ☐ 도박으로 약속을 지키지 못한 사실을 숨기기 위해

기타

도박을 끊는 것을 계속하기 위해서는, 자기 자신에게 솔직하고, 동시에 다른 사람에게 정직하다는 것이 매우 중요합니다.

예를 들어, 당신이 「잠시 멈췄던 도박을 어제 재개했다」는 것을 누군가에게 말할까 말까, 고민하는 장면을 생각해 봅시다. 당신은, 「그런 말을 하면, 혼나지 않겠나」「실망시켜 버리는

이때 이하를 다시 확인한다. ① 실패는 다음 대책을 생각하는 기회가 된다는 것. ② 이를위해, 우선은 신뢰할 수 있는 사람에게 정직하게 이야기하는 것.

것은 아닐까」 등 걱정이 될지도 모릅니다. 그러나, 회복을 위해서는, 당신의 도박 문제를 함께 해결해 줄 신뢰할 수 있는 사람에게, 도박을 한 것이나, 하고 싶어진 마음을 솔직하게 말할 수 있게 되는 것이 무엇보다 중요합니다.

그만두려고 시도하기 시작했다고 해서, 바로 단호하게 그만둘 수 있다고는 할 수 없습니다. 하고 싶은 마음이 때로는 나오고, 노력하고 있음에도 불구하고 도박을 다시 하는 경우가 있을지도 모릅니다. 하지만 실패는 기회입니다. 용기가 필요한 일이지만, 신뢰할 수 있는 사람에게 솔직하게 이야기 하는 것은 회복으로 가는 여권입니다.

2 새 친구를 사귀다.

도박에 대해 솔직하게 말할 수 있는 것은 중요하지만, 누구에게나 솔직하게 말하기는 어려울 것입니다. 비록 가족, 친구일지라도「도박을 하는 사람의 마음은 모른다.」는 사람에게는, 좀처럼 당신의「도박을 그만두려고 하는 기분」이나「가끔 도박을 하고 싶어지는 기분」을 알게 하는 것은 어려울지도 모릅니다. 그래서「원래 도박을 했지만 지금은 개선을 위해 노력하고 있다」는 동료를 만드는 것이 중요합니다. GA와 같은 자조 그룹에는 그런 동료들이 많이 있습니다.

자조그룹이란

자조그룹이란, 같은 질병이나 문제로 고민한 경험이 있는 사람들이 모여, 서로 도와주면서 회복을 목표로 하는 자발적인 연결고리로 연결된 그룹입니다. 의존 문제에서 회복하는 데 매우 효과적입니다. 도박 문제에 대해서는, 본인의 그룹으로 Gambles Anonymous(GA) 등이 있습니다. 또한, 가족 그룹으로는 GAMANON이나 전국 도박 중독 가족 모임 등이 있습니다. 모두 전국 각지에서 활동하고 있습니다.

사전에 지역에 있는 자조그룹의 개최 상황에 대해 확인해 둔다.

과제 2

가까운 곳에는 어떤 자조 모임이 있는지 확인해 봅시다.

가까운 자조 그룹

그룹 이름	요일	시간	장소

요약 과제

당신에게, 정직하게 도박 문제를 털어놓을 만한 사람(도박 문제를 함께 노력할 수 있는 가족, 친구, 지원자 등) 혹은 장소(자조모임이나 이 프로그램 등)가 있습니까? 없는 사람은 어떻게 찾을 수 있을 것 같습니까?

털어놓을 만한 사람이나 장소

어떻게 하면 찾을 수 있을까

세계에서 한 곳이라도 좋으니까, 「여기서는 솔직하게 말할 수 있다」라는 장소를 만들어 봅시다. 비밀을 지켜주고, 책망하거나 비난하지 않고, 당신을 걱정해 주는 곳입니다. 도박 문제의 전문 상담 창구나 자조 그룹은 그런 장소 중 하나입니다. 그리고, 안심하고 말할 수 있는 동료나 지원자와 함께 노력을 쌓아 올리는 것으로, 반드시 회복해 나갈 수 있는 것을 잊지 말아 주세요.

부록 1

계기의 빅3

시간 돈 장소

「계기 빅3」는 도박 행동을 가능하게 하는 필수 요소인「시간」,「돈」,「장소」 세 가지를 가리킵니다. 반대로 말하면, 이 세 가지 계기 중, 하나라도 부족하면 도박을 할 수 없습니다. 수학의 곱셈으로 비유하자면「10 × 20 × 0 = 0」과 같이, 곱하는 숫자 중 하나라도「0」이 있으면, 다른 무엇을 곱해도 답은 반드시「0」이 되는 것처럼,「시간」,「돈」,「장소」중 하나라도「0」이 되면 도박은「0」이 되는 것입니다.

계기의 빅3

계기 = 도박을 하기 위한 시간

원포인트 최근에는, 스마트폰으로 단시간에도 도박을 할 수 있습니다. 일하는 동안에도 도박을 할 수 있기 때문에, 스마트폰을 사용한 도박은 시간에 대한 대처가 어렵습니다. 이 경우는, 일하는 중간의「시간」에 스와이소우(p 25)를 도입하거나, 스마트폰 그 자체에 대한 대처(폴더폰으로 바꾸는 등)도 궁리의 하나입니다.

돈 = 도박에 사용할 돈이나 돈에 접근할 수 있는 수단

원포인트 최근에는, 인터넷 계좌를 통해 도박을 할 수도 있습니다. 이 경우는, 인터넷 계좌 자체를 해약하는 등의 방법도 효과적입니다.

장소 = 도박장이나 인터넷 투표를 할 수 있는 사이트

원포인트 최근에는, 스마트폰을 통해 도박을 할 수 있는 시대입니다. 인터넷 투표 사이트라는 장소가 계기가 되는 경우는, 그 사이트에 들어가지 않거나 이용 규제를 거는 것 등의 연구가 효과적입니다. 스마트폰 자체에 대한 대처도 궁리의 하나입니다.

계기를 피할 궁리의 포인트

계기 빅3의 모든 것을 피하는 것은 대단한 에너지와 시간을 필요로 합니다. 그 때문에, 우선은 대처하기 쉬운 계기를 하나로 줄여, 그 계기에대한 대처에 주력하는 것부터 시작하는 것이 좋습니다.

부록 2

도박에 대한 생각을 끊는 대처 ①

스와이소우

스와이소우는 양팔을 힘을 빼서 흔들고, 근육과 관절을 풀어주는 운동을 총칭하며, 기공이나 태극권 준비운동으로 이루어집니다. 원래 유래는 중국 무술의 조련법 중 하나인데, 팔의 힘을 빼고 흔들기만 하면 되는, 누구나 할 수 있는 운동입니다.

도박에 대한 생각을 끊는 대처로도 활용할 수 있습니다. 5분~15분 정도 지속하는 것이 포인트입니다. 아래의 2개의 스와이소우를 소개해 드리니, 자신에게 맞는 것을 시도해 보시기를 바랍니다.

방법: 앞뒤로 흔드는 스와이소우

① 발을 어깨 너비로 벌립니다. 두 발이「ハ」자나 역「ハ」자가 되지 않도록 평행하게 합니다.
② 팔과 어깨의 힘을 빼고, 팔을 앞뒤로 흔듭니다.
(앞으로는 3, 뒤로는 7 정도의 큰 힘으로, 뒤로 더 크게 흔드는 것이 좋습니다)

방법: 방법: 비트는 스와이쇼

③ 팔의 힘을 뺀 채 허리를 비틀어 몸통을 축으로 회전시킵니다.
④ 몸에 달라붙듯이 팔을 흔듭니다.

부록 3

도박에 대한 생각을 끊는 대처 ②

수식관

「수식관」이란, 조용히 자신의 숨을 세면서 호흡을 관찰하는 것을 말합니다. 인도에서 예로부터 정해진 수행의 방법이 불교와 함께 중국에 전해지고, 이후 일본에 전해져 왔다고 합니다.

도박에 대한 생각을 끊는 대처로도 활용할 수 있습니다. 5분 정도 계속하는 것이 포인트입니다. 꼭 시도해 보세요.

방법

- 의자에 얕게 걸터앉아, 가볍게 자세를 바로잡습니다.
- 입으로 천천히 숨을 내쉬는 것을, 세 번 반복합니다. 들이마시는 숨은 자연에 맡기죠.
- 다시 한번 가볍게 자세를 바로 잡습니다.
- 여기서부터는 코 호흡으로 넘어가겠습니다. 코에서 숨이 나오고, 코에서 숨이 들어오는 자신을 관찰해 갑니다. 코에서 숨이 나오고, 들어오는 것을 한 덩어리로 해서 「하나」, 「둘」이라고 하는 것처럼 마음속으로 세어갑니다.

- 코에서 숨이 나오고, 들어가는 것을 10까지 세고나서, 1로 돌아가서 다시 10까지 셉니다. 이것을 5분 정도 반복합니다.
- 호흡을 세고 있을 때 도박 등 다른 것이 머리에 떠오르거나, 바깥의 소리 등에 주의가 향하면, 그런 자신을 「안된다」 부정하지 않고, 자신에게 상냥하게 「OK」라고 마음속으로 말을 걸어, 살며시 1로 향합시다.
- 끝날 때는, 스트레칭 등으로, 구분을 하는 것이 좋을 것입니다.

부록 4

달력사용법

달력 사용법

(1) 사용법

① 매일 밤 자기 전에, 하루를 되돌아보고, 아래 상황에 가장 가까운 스티커를 붙이세요.

- 파란 스티커: 도박을 하고 싶다는 생각이 들지 않은 안전한 하루였다.
- 노란 스티커: 도박을 하고 싶다고 생각했지만, 참았다.
- 빨간 스티커: 도박을 했다.

② 노란색이나 빨간색 스티커일 때는, 그 계기가 된 사건도, 알 수 있는 범위에서 간단하게 써 주십시오.

예:「상사에게 꾸중 들었다」,「부부싸움 했다」,「축하할 일이 있었다」등

③ 빨간 스티커일 때는, 도박의 종목, 소비한 시간, 당초의 예정 금액, 승패의 차액을 기재해 주세요.

(2) 스티커를 붙이는 포인트

- 노란색이나 빨간색 스티커를 붙이는 것은 결코 나쁜 것이 아닙니다. 거기서 많은 발견이 있을지도 몰라요.
- 중요한 것은, 자신에게 정직하게 스티커를 붙이는 것입니다.

캘린더

월

1	2	3	4	5	6	7
8	9	10	11	12	13	14
15	16	17	18	19	20	21
22	23	24	25	26	27	28
29	30	31				

부록 5

예정표

memo

프로그램 예정

세션	예정일	실시 후의 사인 (스텝 기입)
제 1회	월 일 ( ) :	
제 2회	월 일 ( ) :	
제 3회	월 일 ( ) :	
제 4회	월 일 ( ) :	
제 5회	월 일 ( ) :	
앙코르	월 일 ( ) :	

이 책은 「中央法規」에서 출간된 「ギャンブル障害 回復トレーニング プログラム (SAT-G) 活用ガイドブック」의 한국어 번역본입니다.

도박장애 회복 훈련 프로그램 (SAT-G) 활용 가이드북

초 판 2025년 5월

역 자 박상운

발 행 인 오상환
편 집 오소라

발 행 처 도서출판 신일북스
서울시 영등포구 도림로 310-1 신일빌딩 5층
등 록 일 1991년 5월 14일. 제13-355호

연 락 처 02-843-3281 | 팩스 02-841-8119
이 메 일 shinil@shinilbooks.com | 홈페이지 www.shinilbooks.com
정 가 30,000원

ISBN 978-89-5702-546-8

◆ 저자와의 협약하에 인지는 생략합니다.
◆ 잘못 만들어진 책은 구입하신 곳으로 연락주시면 교환해 드립니다.